艺术大师

泰戈尔

首获诺贝尔文学奖的亚洲文豪

Shou Huo Nuobeier Wenxuejiang De Yazhou Wenhao

庄　浪◎编著

南京出版传媒集团
南京出版社

图书在版编目（ＣＩＰ）数据

泰戈尔：首获诺贝尔文学奖的亚洲文豪 / 庄浪编著
-- 南京：南京出版社
（艺术大师）
ISBN 978-7-80718-937-4

Ⅰ．①泰… Ⅱ．①庄… Ⅲ．①泰戈尔，
R.（1861～1941）－传记－青年读物②泰戈尔，
R.（1861～1941）－传记－少年读物 Ⅳ.
①K833.515.6-49

中国版本图书馆CIP数据核字(2012)第064069号

丛 书 名：艺术大师
书 　 名：泰戈尔——首获诺贝尔文学奖的亚洲文豪
作 　 者：庄浪 编著
出版发行：南京出版传媒集团
　　　　　南京出版社
　　社址：南京市老虎桥18-1号　　　邮编：210018
　　网址：http://www.njcbs.com　　　电子信箱：njcbs1988@163.com
　　淘宝网店：http://njpress.taobao.com
　　联系电话：025-83283871、83283864（营销） 025-83283883（编务）

出 版 人：朱同芳
总 策 划：刘成林
责任编辑：徐碧超
装帧设计：陈淑芳
责任印制：杨福彬

印 　 刷：三河市南阳印刷有限公司
开 　 本：787毫米×1092毫米 1/16
印 　 张：10
字 　 数：78 千
版 　 次：2013 年 5 月第 1 版
印 　 次：2013 年 5 月第 1 次印刷
书 　 号：ISBN 978-7-80718-937-4
定 　 价：24.80 元

营销分类：少儿 教育

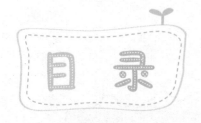

1. 被圈在大院里的童年

泰戈尔的童年生活是闭塞的，枯燥的，但他却面对围墙展开了想像的翅膀。

泰戈尔于1861年5月7日出生于印度的一个声名显赫的大家族里，是父母的第14个孩子。他小时候容貌端庄，身体强壮，不过长得比较黑。姐姐在给他洗澡的时候，总爱开玩笑说：

"我们家的罗宾（泰戈尔的昵称——作者注）长得黑，不如大家白净，可将来有一天他比谁都要更了不起。"

这个家庭是如此庞大，以致于母亲根本照顾不过来。所以泰戈尔在童年时代并没有享受到多少母爱，很大一部分时间是与仆人一起度过的。

仆人中有一个非常贪吃的人，他从来不勉强小主人进食。每次开饭的时候，他总是手拿着盛放主食的木盘，挨个问孩子们是否还要再添一点，其实心里巴不得孩子们都不吃，好留给自己吃。小泰戈尔那时已经很懂事了，他知道仆人心里怎么想，就总是回答说不用再添了，甘

2

yuàn bǎ zì jǐ de nà yí
愿把自己的那一
fèn liú gěi pú rén chī
份留给仆人吃。
zhè zhǒng shàn liáng de xīn
这种善良的心
dì shǐ tā zì jǐ cháng
地使他自己常
cháng ái è
常挨饿。
hái yǒu yí gè
还有一个
fēi cháng lǎn duò de pú
非常懒惰的仆
rén wèi le gěi zì jǐ
人。为了给自己
shěng shì er tā ràng xiǎo tài gē
省事儿，他让小泰戈
ěr dāi zài fáng li bìng yòng fěn
尔待在房里，并用粉
bǐ zài tā zhōu wéi huà yí gè yuán
笔在他周围画一个圆
quān rán hòu xià hu tā shuō
圈，然后吓唬他说，
rú guǒ tā dǎn gǎn yuè chū zhè ge
如果他胆敢越出这个
yuán quān jiù huì zāo shòu zhǒng
圆圈，就会遭受种

种可怕的灾难。小泰戈尔听过许多类似的故事，有一个故事里就有一个小男孩跨出圆圈遭受磨难的情节，所以他果然被吓住了，只好老老实实地呆在圆圈里。

幸好他站立的地方靠近窗户，窗下有个大池塘，池塘边有一株榕树，再远一点的地方还有一片椰林。

无事可干的泰戈尔便只好打开百叶窗，整天凝视着池塘的景色。从清晨起，邻居们便一个个来池边沐浴，天长日久，泰戈尔熟悉了每个人沐浴的细节：有一个人要先用手指堵住双耳，按惯例将全身浸入水中几次后，才离去；另一个人却不敢钻入水中，只是再三地将毛巾浸湿，在头顶拧水冲一冲就心满意足；第三个人则连连挥动手臂，小心地赶开水面上的污秽渣滓，然后猛地钻入

4

水底；还有一位不做任何准备，一下子便从岸边的石阶上跃入池塘；另一位却永远不慌不忙，悠哉悠哉地洗过澡，仔细地擦干身子，换好干净衣服，一丝不苟地理好腰带，在外院转上一两遭，采几朵鲜花，这才迈着方步打道回府，他那刚刚擦洗过的身子在晨风中显得特别清爽轻松……直到正午，池塘才无人光顾，安静下来。小泰戈尔的注意力又被大榕树的浓荫所吸引。

童年这种囚徒式的生活培养了泰戈尔静观自然的能力，是他走上文学之路的最初的训练。他后来多次在诗中回忆起那棵陪伴他度过童稚时光的老榕树：

啊，古老的榕树，你绞绕的树根从枝上挂下来，

nǐ rì yè zhàn zhe bú dòng　　rú yí gè xiū dào zhě zài chàn huǐ
你日夜站着不动，如一个修道者在忏悔，

nǐ hái jì de nà ge hái zi ma　　tā de huàn xiǎng céng suí zhe nǐ
你还记得那个孩子吗？他的幻想曾随着你

de yīn yǐng ér yóu xì
的荫影而游戏。

xīn yuè jí　　róng shù
——《新月集·榕树》

dāng rán　　pú rén zhōng yě bù quán dōu shì diāo huá de　　yǒu yí
当然，仆人中也不全都是刁滑的。有一

gè jiào kǎi lā sī de　　tài gē ěr jiù hěn xǐ huan tā　　tā jī zhì　　yōu
个叫凯拉斯的，泰戈尔就很喜欢他。他机智、幽

mò　　jiàn zhe shéi jiù gēn shéi kāi wán xiào　　wèi le dòu tài gē ěr kāi xīn　　kǎi
默，见着谁就跟谁开玩笑。为了逗泰戈尔开心，凯

6

拉斯常给他念自己胡诌的儿歌。歌中的英雄人物是泰戈尔，当然，还有一位女主角，她便是泰戈尔命中注定的新娘。诗中描绘了泰戈尔的幸福生活，还从头到脚地描述了新娘全身佩戴的珠宝首饰，详细讲述了空前豪华盛大的婚礼。儿歌中描绘的一幅幅绮丽诡异的图画，以及儿歌朗朗上口的声韵和欢快活泼的节奏，都在泰戈尔的心灵里留下了美好的印象。

童年时代陪伴泰戈尔的还有书籍。在他枯寂单调的童年，书籍给了他无穷的慰藉。成年以后，他仍然记得自己第一次读印度古代诗歌《罗摩衍那》的情景。

nà tiān   tiān kōng yīn yún mì bù   tài gē ěr zhèng zài zǒu láng shang wán
那天，天空阴云密布，泰戈尔正在走廊上玩

shuǎ   yí gè xiǎo huǒ bàn hū rán zài tā shēn hòu lěng bu fáng de dà shēng hǎn dào
耍，一个小伙伴忽然在他身后冷不防地大声喊道：

jǐng chá lái la   jǐng chá lái la   jǐng chá shì gàn shén me de   xiǎo tài gē
"警察来啦！警察来啦！"警察是干什么的，小泰戈

ěr nòng bù qīng chu   zhǐ zhī dao jǐng chá shì yào zhuā rén de   hěn kě pà   tā
尔弄不清楚，只知道警察是要抓人的，很可怕。他

sā tuǐ biàn xiàng nèi yuàn pǎo qù   quán shēn xià de yí zhèn zhèn de chàn dǒu
撒腿便向内院跑去，全身吓得一阵阵地颤抖。

tā pǎo dào mǔ qīn fáng li   bǎ zhè ge xiāo xi gào su mǔ qīn   kě kàn
他跑到母亲房里，把这个消息告诉母亲，可看

shàng qù mǔ qīn sī háo bú wèi suǒ dòng   xiǎo tài gē ěr hěn shāng xīn   dàn yòu bù
上去母亲丝毫不为所动。小泰戈尔很伤心，但又不

gǎn mào xiǎn chū qù   zhǐ hǎo zuò zài mǔ qīn fáng jiān de mén kǎn shang   kāi shǐ dú
敢冒险出去，只好坐在母亲房间的门槛上，开始读

luó mó yǎn nà
《罗摩衍那》。

tā yì zhí dú dào bàng wǎn   dú dào
他一直读到傍晚，读到

shāng xīn chù jìng chōu qì qǐ lái   wài zǔ mǔ
伤心处竟抽泣起来，外祖母

8

发现了，便走过来把书拿走了，把他抱在怀里安抚了一番。

随着泰戈尔一天天长大，他不再满足于待在大院子里面了。一天，他看见几个年岁比他大的哥哥坐上马车出门上学去了，而他则因为年幼被撇下，心里很不高兴。

哥哥们放学回来后，又在泰戈尔面前大吹了一通路上的"冒险"经历，泰戈尔更是心痒难耐，在家里一天也待不住了。他在家庭教师面前发脾气、哭闹。家庭教师气愤地打了他一耳光，教训他说：

"你现在哭闹着要去上学，以后你闹着不去上学会比现在哭闹得更厉害。"

家庭教师的话后来果然灵验了。学校果然不如泰戈尔想的那么好，而呆板的教学方式则是他后来终身厌弃和反对的对象。

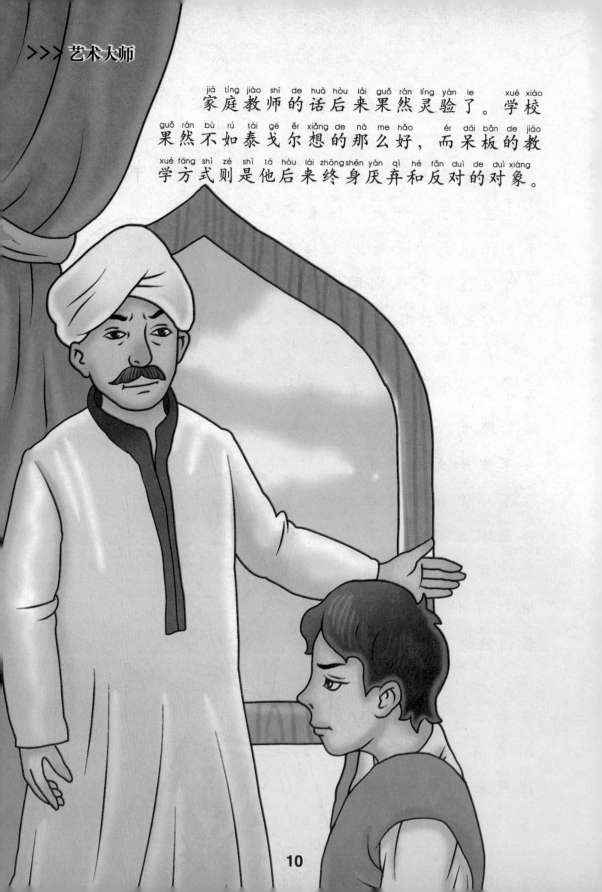

10

2. 在学校里的日子

学校教育像一道枷锁，让小泰戈尔浑身不舒服。值得庆幸的是，他认识了擅长魔术的"教授"。

泰戈尔七岁时上了学。学校里的课程枯燥无味，老师的教学方法刻板，还经常对学生施行体罚，比如让背不好书的孩子，站在凳子上，两臂伸开，手掌向上，上面放砖，以此来折磨孩子。

泰戈尔很快厌倦了这种学校生活，他总是巴不得放假，不上课。一次，教医学的老师摔伤了，都说可能来不了。学生们坐在教室里议论

fēn fēn xìng gāo cǎi liè dōu rèn dìng kè shàng bù chéng le
纷纷，兴高采烈，都认定课上不成了。

shàng kè líng xiǎng le lǎo shī guǒ rán méi yǒu lái dà jiā jǐn zhāng de wàng
上课铃响了，老师果然没有来。大家紧张地望

zhe mén kǒu xī wàng lǎo shī yì zhí bù lái zhè shí zǒu láng li xiǎng qǐ le
着门口，希望老师一直不来。这时，走廊里响起了

chénzhòng de jiǎo bù shēng huì shì tā ma yě xǔ shì bié ren ba
沉重的脚步声。会是他吗？也许是别人吧。

zhè ge rén zhàn dào mén kǒu le bú xìng de shì guǒ rán
这个人站到门口了，不幸的是，果然

shì tā hái zi men de xīn dōu liáng le yí dà jié
是他。孩子们的心都凉了一大截。

tài gē ěr zài xué xiào jī le yí dù zi
泰戈尔在学校积了一肚子

qì zhǐ hǎo huí jiā lái fā tā zài zì jiā
气，只好回家来发。他在自家

zǒu láng yì jiǎo zì jǐ kāi le suǒ xué xiào mù
走廊一角自己开了所学校。木

lán gǎn shì xué sheng ér tài gē ěr jiù shì lǎo
栏杆是学生，而泰戈尔就是老

shī shǒu wò téng zhàng zuò zài xué sheng
师，手握藤仗，坐在"学生"

duì miàn de yì bǎ yǐ zi shang tā duì zhe lán
对面的一把椅子上。他对着栏

gǎn shuō huà bǎ lán gǎn fēn chéng hǎo xué sheng
杆说话，把栏杆分成"好学生"

hé huài xué sheng duì huài xué sheng
和"坏学生"，对坏学生

jiù hěn hěn de biān dǎ yǐ zhì yú
就狠狠地鞭打，以致于

bǎ lán gǎn dōu dǎ de shāng hén
把栏杆都打得伤痕

lěi lěi
累累。

想出这个办法既说明了泰戈尔的聪明，也反映了落后的教学方式会对孩子产生不良的影响。

学校里还有一位老师，上课时满口脏话，泰戈尔非常讨厌他，拒绝回答他提出的任何问题。这个老师很生气，就把泰戈尔长年安置在教室的最后一排。当别人都在听讲时，泰戈尔却自己学自己的，独自默默地思考，解决了许多学习中的难题。

yí gè xué qī guò qu le　　　zài qī mò kǎo shì zhōng　　tài gē ěr de mèng jiā
一个学期过去了，在期末考试中，泰戈尔的孟加

lā yǔ chéng jì míng liè quán bān bǎng shǒu　　zhè shì yí gè ràng rén gǎn dào yì wài de
拉语成绩名列全班榜首，这是一个让人感到意外的

jié guǒ　　nà ge xǐ huan shuō zāng huà de lǎo shī xiàng xiào fāng tí chū yì yì　huái yí
结果。那个喜欢说脏话的老师向校方提出异议，怀疑

zhǔ kǎo lǎo shī xùn sī wǔ bì　　jié guǒ xiào zhǎng yòu ràng tài gē ěr zhòng kǎo le yí
主考老师徇私舞弊。结果校长又让泰戈尔重考了一

cì　bìng qīn zì yǔ kǎo guān yí dào jiān kǎo　　zhēn jīn bú pà huǒ liàn　tài gē ěr
次，并亲自与考官一道监考。真金不怕火炼，泰戈尔

zài cì qǔ dé le le zuì gāo fēn　　nà ge lǎo shī yě yǎ kǒu wú yán
再次取得了最高分。那个老师也哑口无言。

dāng rán　　tài gē ěr yě pèng dào le yì xiē hěn hé shàn de lǎo shī　　yǒu yí
当然，泰戈尔也碰到了一些很和善的老师。有一

cì　tā pā zài zhuō zi shang yí dòng bù dòng　　yí gè cóng chuāng qián jīng guò de lǎo
次，他趴在桌子上一动不动，一个从窗前经过的老

shī kàn jian le　zǒu jìn jiào shì guān qiè de xún wèn tā shì bu shì bù shū fu　tài
师看见了，走进教室关切地询问他是不是不舒服。泰

gē ěr dāng shí jiù fēi cháng gǎn dòng　　ér qiě duì cǐ zhōng shēn nán wàng　huò xǔ yīn
戈尔当时就非常感动，而且对此终身难忘，或许因

wèi zhè shì lěng kù de xué xiào huán jìng li nán dé de yì diǎn huǒ guāng ba
为这是冷酷的学校环境里难得的一点火光吧。

xué xiào jiào yù gěi tài gē ěr duō shao qǐ dào le yì diǎn zhī shí qǐ méng de zuò
学校教育给泰戈尔多少起到了一点知识启蒙的作

yòng yí cì lǎo shī xiàng dà jiā jiǎng jiě kē xué rù mén zhè mén kè gào
用。一次，老师向大家讲解《科学入门》这门课，告

su dà jiā lán sè de tiān kōng shì hào hàn wú yín de bìng xíng xiàng de shuō
诉大家蓝色的天空是浩瀚无垠的，并形象地说：

nǐ men tī zi shang jià tī zi yì zhí xiàng shàng pá yě jué bú huì yǒu
"你们梯子上架梯子，一直向上爬，也决不会有

shén me dōng xi pèng le nǐ men de tóu dǐng
什么东西碰了你们的头顶。"

tài gē ěr tīng le hěn chī jīng xīn li xiǎng
泰戈尔听了很吃惊，心里想

yí dìng shì lǎo shī shě bu de duō yòng tī zi jiù
一定是老师舍不得多用梯子，就

jiān zhe sǎng zi wèn
尖着嗓子问：

"要是我们架上更多更多的梯子，又会怎么样呢？"

当老师答复他，架上再多的梯子也无济于事时，泰戈尔只好吃惊地陷入了沉思。他的知识宝库正是这样一步一步扩充的。

学校里还有值得泰戈尔回忆的事是他认识了许多好朋友。其中有一位朋友比他年纪大，留给他的印象也最深刻。

这位朋友擅长魔术，他还专门撰写 并出版了一本小册子，扉页上印着他的大名，还冠以"教授"的头衔。在那以前，泰戈尔从未遇到过一个名字印在书上的中学生，因此，对这位朋友佩服得五体投地。

dà jiā dōu chēng hu tā wéi "jiào shòu"
大家都称呼他为"教授"。

jiào shòu zài tài gē ěr miàn qián kuā kuā qí tán le xǔ duō wù zhì de qí
"教授"在泰戈尔面前夸夸其谈了许多物质的奇

tè xìng néng yí cì tā shuō zhǐ yào bǎ zhǒng zi zài mǒu zhǒng xiān rén zhǎng de
特性能。一次，他说，只要把种子在某种仙人掌的

zhī yè li jìn pào cì zài shài gān cì tā jiù huì zài yì xiǎo shí
汁液里浸泡21次，再晒干21次，它就会在一小时

nèi fā yá kāi huā jiē guǒ
内发芽、开花、结果。

tài gē ěr tīng le fēi cháng xìng fèn jué xīn zì jǐ shì yí shì
泰戈尔听了非常兴奋，决心自己试一试。

xīng qī rì xià wǔ tā xiàng yuán dīng yào le zú gòu de xiān rén zhǎng zhī yè
星期日下午，他向园丁要了足够的仙人掌汁液

hé yì kē máng guǒ hé jiù pǎo dào wū dǐng shang yí gè yǐn bì de jiǎo luò li kāi
和一颗芒果核，就跑到屋顶上一个隐蔽的角落里开

shǐ le zì jǐ de shí yàn
始了自己的实验。

tài gē ěr zài liè rì xià máng zhe yòu jìn yòu shài mái tóu kǔ gàn le yí
泰戈尔在烈日下忙着又浸又晒，埋头苦干了一

xià wǔ qí jié guǒ ne bù shuō dú zhě yě zhī dao dāng rán shì shī
下午，其结果呢？——不说读者也知道，当然是失

bài le
败了。

yǔ cǐ tóng shí   lìng yì zhuāng tài gē ěr bù zhī dao de shì qing fā
与此同时，另一桩泰戈尔不知道的事情发
shēng le
生了。

nà tiān yǐ hòu   tài gē ěr jiàn jiàn chá jué   jiào shòu   zài
那天以后，泰戈尔渐渐察觉"教授"在
duǒ zhe tā   fàng xué de lù shang   jiào shòu   zǒng shì lí tā yuǎn yuǎn
躲着他。放学的路上，"教授"总是离他远远
de   jǐn liàng bù gēn tā shuō huà
的，尽量不跟他说话。

yì tiān   zài jiào shì lǐ   jiào shòu
一天，在教室里，"教授"
tū rán tí yì yào měi gè rén yī cì cóng dèng
突然提议要每个人依次从凳
zi shang tiào xià lai   tā shuō tā xiǎng guān
子上跳下来。他说他想观
chá yí xià měi gè rén de bù tóng zī shì
察一下每个人的不同姿式。
duì yú yí wèi mó shù   jiào shòu   lái
对于一位魔术"教授"来
shuō   zhè zhǒng dài yǒu kē xué xìng de hào
说，这种带有科学性的好
qí xīn bù zú wéi guài   dà jiā dōu
奇心不足为怪。大家都

跳了，泰戈尔也跳了。"教授"看完，只低低地"嗯"了一声，摇了摇头。大伙儿怎么问他，他都不开口说个究竟。

又有一天，他忽然神神秘秘地告诉泰戈尔，说他的几个好朋友想认识认识泰戈尔，请泰戈尔到他家去玩。泰戈尔当然很乐意了，就跟着"教授"到他家去了。

到了"教授"家，见到了"教授"的朋友们。他们七嘴八舌地问了泰戈尔很多问题，而且总是寻根究底地问。接着又让泰戈尔唱歌，泰戈尔不好推辞，就唱了一两首。大家一致认为："嗓子挺甜。"

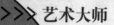

接着茶点端上来了，大家一起喝茶吃点
心。泰戈尔自小就吃的不多，这次也没多吃，
"教授"感慨地说："胃口这么小！"

又过了几天，泰戈尔收到了"教授"的
信。在信中，"教授"称泰戈尔为"小姐"，
并表示要继续和泰戈尔做好朋友。

20

原来泰戈尔的一个小伙伴在"教授"面前撒谎，说泰戈尔是女扮男装，他家里人想通过这样让泰戈尔受到更好的教育。"教授"就做了一系列的测试来验证泰戈尔是男是女。据说女孩子从上往下跳时总是左脚在前，"教授"做实验那天，泰戈尔恰好是左脚在前跳下来的，加之他嗓子又甜，胃口又小，"教授"便对泰戈尔是女孩子的谎话深信不疑了——素来以聪明自居的"教授"闹了个大笑话。

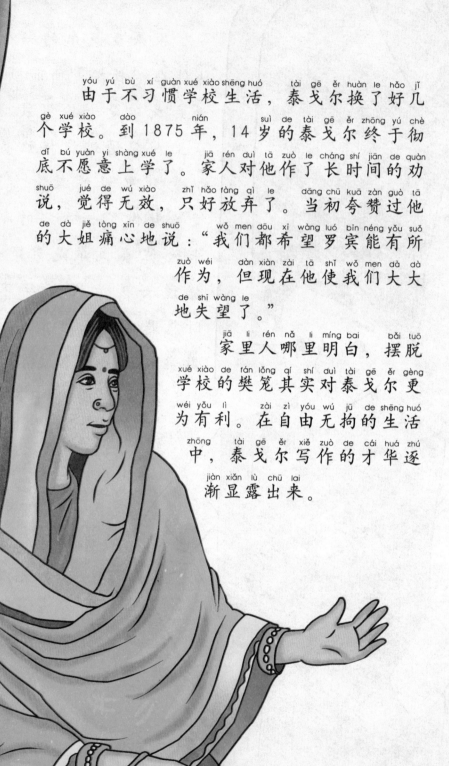

yóu yú bù xí guàn xué xiào shēng huó　　tài gē ěr huàn le hǎo jǐ
由于不习惯学校生活，泰戈尔换了好几

gè xué xiào　　dào　　　nián　　suì de tài gē ěr zhōng yú chè
个学校。到1875年，14岁的泰戈尔终于彻

dǐ bú yuàn yì shàng xué le　　jiā rén duì tā zuò le cháng shí jiān de quàn
底不愿意上学了。家人对他作了长时间的劝

shuō　jué de wú xiào　zhǐ hǎo fàng qì le　　dāng chū kuā zàn guò tā
说，觉得无效，只好放弃了。当初夸赞过他

de dà jiě tòng xīn de shuō　　wǒ men dōu xī wàng luó bīn néng yǒu suǒ
的大姐痛心地说："我们都希望罗宾能有所

zuò wéi　　dàn xiàn zài tā shǐ wǒ men dà dà
作为，但现在他使我们大大

de shī wàng le
地失望了。"

jiā li rén nǎ li míng bai　　bǎi tuō
家里人哪里明白，摆脱

xué xiào de fán lǒng qí shí duì tài gē ěr gèng
学校的樊笼其实对泰戈尔更

wéi yǒu lì　　zài zì yóu wú jū de shēng huó
为有利。在自由无拘的生活

zhōng　　tài gē ěr xiě zuò de cái huá zhú
中，泰戈尔写作的才华逐

jiàn xiǎn lù chū lai
渐显露出来。

3. 第一首诗

8岁时，泰戈尔开始写诗了！虽然诗还很稚嫩，但展现了他的潜力。

泰戈尔出身于一个书香门第，他的父亲和几个哥哥都是当时印度有名的知识分子，泰戈尔也从很小就接触到了文学，尤其是印度的民间文学。他接触到的最初的诗句是一首印度儿歌中的句子：

雨儿滴嗒

叶儿飒飒

这两句诗让泰戈尔体会到了诗歌的神奇力量。他后来回

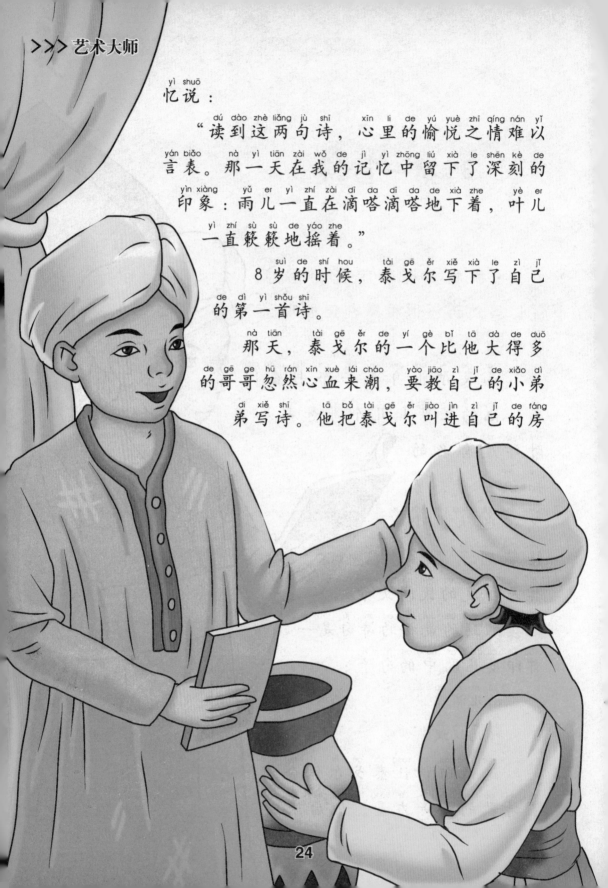

忆说：

"读到这两句诗，心里的愉悦之情难以言表。那一天在我的记忆中留下了深刻的印象：雨儿一直在滴嗒滴嗒地下着，叶儿一直簌簌地摇着。"

8岁的时候，泰戈尔写下了自己的第一首诗。

那天，泰戈尔的一个比他大得多的哥哥忽然心血来潮，要教自己的小弟弟写诗。他把泰戈尔叫进自己的房间，跟他解释了一通某种格律诗的写法，然后让他照着音韵填词。泰戈尔信手拈来，把一些字胡乱连缀起来，一看还真的成了一首诗。哥哥对弟弟高超的领悟力大大夸奖了一通。泰戈尔也非常高兴：哦，看起来神秘的诗歌写起来也挺简单的。

从那以后，泰戈尔对写诗产生了浓厚兴趣。他设法从仆人那里搞到了一个草稿本，又自己仔细地划上格子，便开始用自己大大的、笨拙的字体写起诗来。

教他写诗的哥哥把弟弟写诗看做是自己的功劳，便在大院子里宣传开了："罗宾写诗了！"他带着泰戈尔满院子跑，把泰戈尔写的诗到处念

gěi rén tīng   tīng de rén yě zǒng shì diǎn tóu chēng zàn
给人听。听的人也总是点头称赞：

ng   bú cuò   bú cuò
"嗯，不错，不错。"

yì tiān   xiōng di liǎ gāng duì yí gè pú rén dú wán yì shǒu
一天，兄弟俩刚对一个仆人读完一首

shī   pèng jian yí gè wén xué zá zhì de biān jí dēng mén bài fǎng
诗，碰见一个文学杂志的编辑登门拜访。

gē ge yì bǎ lā zhù tā
哥哥一把拉住他：

hāi   tīng ting luó bīn cái xiě de shī ba
"嗨，听听罗宾才写的诗吧！"

tài gē ěr biàn gāo shēng niàn le
泰戈尔便高声念了

qǐ lai   biān jí tīng wán xiào le
起来，编辑听完笑了，

tā shuō
他说：

bú cuò   kě   fēng   shì
"不错！可'蠭'是

shén me wán yì er
什么玩意儿？"

fēng   shì tài gē ěr zài shī
"蠭"是泰戈尔在诗

中运用的一个比较生僻的词，也是他自感得意的地方，不料却遭到了编辑的批评。他心里感到很委屈，但同时又认定是这个编辑没眼光。从那以后，他再也不给这个编辑读诗了。多年以后，泰戈尔回忆起当初的这个细节，仍然认为这个编辑缺少领悟力。

这时泰戈尔已经上学了，写诗成为他在枯燥的学习生活之余最大的乐趣。当初的草稿本很快就写满了，布满了歪歪斜斜、粗粗细细的笔画；由于多次传看，草稿本皱巴巴的，边角都卷了起来。家里、学校里都知道了这个小诗人。

学校里的一个语文老师听说泰戈尔写

诗，也很看重他。他经常给泰戈尔前两句诗，让泰戈尔补上后两句，经过他的指导，泰戈尔进步很快。

学校里的教务主任是一个又矮又胖，长得黑黝黝的老师。他为人严厉，大家都很怕他。

一天，教务主任派人叫泰戈尔在课间休息时到他的办公室去。泰戈尔吓得哆哆嗦嗦地去了。谁知，泰戈尔还没站稳，教务主任就走上前来，劈头就问：

"泰戈尔，你在写诗呐？"

泰戈尔承认了。教务主任便给了他一个题目，让他写一首关于道德教育的诗。

第二天，泰戈尔把写好的诗交给了教务主任。教务主任从头到尾仔细看了一遍，然后把泰戈尔带到全校年级最高的班里，让他站在全班同学的面前，命令说：

"念吧！"

泰戈尔便高声朗诵了一遍。

不幸的是这首诗并没有为泰戈尔带来大家对他的尊敬，反而让他成了大家嫉妒和猜疑的对象。大家都认定这是一首抄袭之作，还有人信誓旦旦地说他拿得出被剽窃的原诗——但始终没有看见他拿出来。

这些讥讽之辞让泰戈尔很伤心，但并没有

让他消沉，而是更激励了他奋发图强。他如痴如醉地阅读各种诗歌集，几乎将家里与诗歌有关的书都读完了。

一次，他发现嫂嫂手里有一本新出版的诗集，非常希望看一看，可是不管怎么央求，嫂嫂就是不肯借给他看，还把书锁了起来。越是弄不到手越是想读，泰戈尔下定了决心，一定要看到这本书。

一天下午，嫂嫂和一大堆女眷在打扑克，钥匙就拴在她的腰上。泰戈尔一向对打牌毫无兴趣，但那天也装作兴致勃勃的样子站在一边看牌。他全神贯注地观看着，终于有一方即将获胜，大家都陷入了紧张兴奋之中。

泰戈尔抓住这个有利时机，开始解拴钥匙的结。由于他笨手笨脚，加之心里又激动又急躁，嫂嫂察觉到了，一把

bō kāi le tài gē ěr de shǒu　bìng bǎ yào shi fàng dào tuǐ shang
拨开了泰戈尔的手，并把钥匙放到腿上，
yòu jì xù dǎ pái
又继续打牌。

tài gē ěr yòu jí yòu nǎo　hū rán jì shàng xīn lái
　　泰戈尔又急又恼，忽然计上心来。
yìn dù yǒu yì zhǒng líng shí jiào　bān　　shì yòng bīn lang mò
印度有一种零食叫"班"，是用槟榔末
zuò chéng de　tài gē ěr zhī dao sǎo sao ài chī　bān
做成的。泰戈尔知道嫂嫂爱吃"班"，
biàn gǎn jǐn ná le jǐ bāo fàng zài sǎo sao gēn qián　sǎo sao kāi
便赶紧拿了几包放在嫂嫂跟前。嫂嫂开
shǐ chī　bān　　guò le yí huì er　　tā bù de
始吃"班"，过了一会儿，她不得
bú zhàn qǐ shēn lái bǎ jiáo guò de　bān　tǔ diào
不站起身来把嚼过的"班"吐掉，
yú shì yào shi cóng tā de tuǐ shang huá xià lái
于是钥匙从她的腿上滑下来。

zhè yí cì　　tài gē ěr chéng gōng de bǎ
　　这一次，泰戈尔成功地把
yào shi jiě le xià lái　　yòu liū dào sǎo sao fáng li
钥匙解了下来，又溜到嫂嫂房里，
bǎ shū ná chū lái kàn le　　sǎo sao zhī dao hòu
把书拿出来看了。嫂嫂知道后，
hé tài gē ěr xiào mà le yí tòng liǎo shì
和泰戈尔笑骂了一通了事。

qín fèn xué xí
　　勤奋学习
de tài du shǐ tài gē
的态度使泰戈
ěr de shī yì rì jiàn
尔的诗艺日见
jīng　　jìn　1873
精　进。1873
nián　tā xiě le zì jǐ
年，他写了自己
de dì yī bù cháng shī
的第一部长诗
xīn yuàn　　kān dēng
《心愿》，刊登

zài tā men jiā li bàn de   zhé
在他们家里办的《哲
xué jiào yù   zá zhì shang   zhè
学教育》杂志上。这
shì tài gē ěr shī gē chuàng zuò
是泰戈尔诗歌创作
zuì zǎo de jiàn zhū qiān zì de zuò
最早的见诸铅字的作
pǐn   zhè shí tā cái   suì
品。这时他才12岁。

liǎng nián hòu   tā zài
两年后，他在

zhèng shì kān wù   zhī shí méng yá   yuè kān shang fā biǎo le   yì shǒu xù shì cháng shī
正式刊物《知识萌芽》月刊上发表了一首叙事长诗
yě huā   quán shī gòng fēn   zhāng   yǒu   háng shī jù   cháng shī jiǎng shù
《野花》，全诗共分8章，有1600行诗句。长诗讲述
le yí gè dòng rén de gù shi
了一个动人的故事：

yí gè míng jiào kǎ mǔ lā de nǚ hái zì yòu zài
"一个名叫卡姆拉的女孩自幼在
xǐ mǎ lā yǎ shān zhōng yóu fù qin fǔ yǎng   tā zài shān
喜马拉雅山中由父亲抚养，她在山
yě zhōng xī xì   zài dà zì rán de bǔ yù xià zhǎng
野中嬉戏，在大自然的哺育下长
dà
大。

fù qin de qù shì shǐ nǚ hái
"父亲的去世使女孩
zi chéng le gū ér   yǒu yì tiān
子成了孤儿。有一天，
guò lù de qīng nián yù jian měi lì de
过路的青年遇见美丽的
kǎ mǔ lā   biàn bǎ tā dài huí jiā
卡姆拉，便把她带回家
li bìng yǔ tā chéng hūn
里并与她成婚。

rán ér   zǎo yǐ qīng xīn yú
"然而，早已倾心于
qún shān mì lín de kǎ mǔ lā   bìng
群山密林的卡姆拉，并

bù xǐ huanxuān xiāo de shì sú shè huì　ér qiě
不喜欢喧嚣的世俗社会，而且

hái tōu tōu de ài shàng le zhàng fu de yí wèi shī rén péng
还偷偷地爱上了丈夫的一位诗人朋

you　bìng tiān zhēn tǎn shuài de xiàng tā qīng sù le zì jǐ de ài qíng
友，并天真坦率地向他倾诉了自己的爱情。

suī rán shī rén àn zhōng yě xǐ huan tā　dàn què zhèn jīng yú tā bù gān
虽然诗人暗中也喜欢她，但却震惊于她不甘

róng yú shì sú de shuài zhēn　zé guài le tā　jí biàn rú cǐ　jí
融于世俗的率真，责怪了她。即便如此，嫉

dù xīn qiáng liè de zhàng fu hái shi shā hài le niánqīng de shī rén
妒心强烈的丈夫还是杀害了年轻的诗人。

kǎ mǔ lā de xīn suì le　tā lí kāi le zhàng fu
"卡姆拉的心碎了，她离开了丈夫

hé yīn àn de shè huì　huí dào le xīn yí yǐ
和阴暗的社会，回到了心仪已

jiǔ de xǐ mǎ lā yǎ shān qū　rán ér　yǐ
久的喜马拉雅山区。然而，已

jīng ān zhī rén shì jiān de ài qíng de
经谙知人世间的爱情的

kǎ mǔ lā què zài yě bù néng zài gū
卡姆拉却再也不能在孤

dú de shēng huó zhōng xún huí xī rì de lè
独的生活中寻回昔日的乐

qù　tā zhǐ hǎo tóu shēn yú shān
趣，她只好投身于山

gǔ jiān bēn téng de jī liú　shě qì
谷间奔腾的激流，舍弃

le zì jǐ niánqīng de shēngmìng
了自己年轻的生命。

bō làng wǎn rú mǔ qīn de bì
"波浪宛如母亲的臂

bǎng　jiāng gū niang yōng bào zài zì jǐ de
膀，将姑娘拥抱在自己的

huái zhōng　zhè duǒ shēng zhǎng yú shān lín de
怀中。这朵生长于山林的

chún jié měi hǎo de yě huā　bèi rén cǎi zhāi yǐ
纯洁美好的野花，被人采摘以

hòu　tā de shēngmìng jiù yǒngyuǎn de kū wěi le
后，她的生命就永远地枯萎了。"

从这以后，泰戈尔便一发不可收拾，他的作品连连见诸报刊，很快便成了小有名气的少年诗人。

从《野花》这首诗里，已经可以看出泰戈尔对大自然的喜爱了。这种对自然的钟爱之情贯穿于泰戈尔的一生。

泰戈尔是如此希望将自己与自然联系在一起，以致于有一次他突发奇想，想用花朵的香汁写诗。但是，

从花瓣里挤出的汁少得可怜，往往连笔尖都蘸不湿。泰戈尔于是便想制作一部机器，用来挤出大量的花瓣里的汁液。

　　他对这部机器的设想是，用一个碾槌在一个木筛里旋转，用绳索和滑轮配合起来，驱动碾槌。他把这个想法跟哥哥说了，哥哥心里感到好笑，但没有流露出来，只是说：

　　"试试吧！"

　　他帮泰戈尔找来了一个工匠，让他按泰戈尔设计的方案做成了机器。泰戈尔把花瓣投入筛子里，转动碾槌，结果失败了。花儿被研磨成了粉末状，汁液一滴也没有榨出来。这件事在泰戈尔的家人中传为笑柄，但它真切地表现了少年诗人的幻想家本色。

泰戈尔写诗的过程中，还有一件趣事。

一天中午，浓云密布，泰戈尔在房子里阅读印度古诗。读着读着，他忽然想模仿着写几首。

很快就写出来了，泰戈尔感觉良好，忽然想出了一个鬼主意。

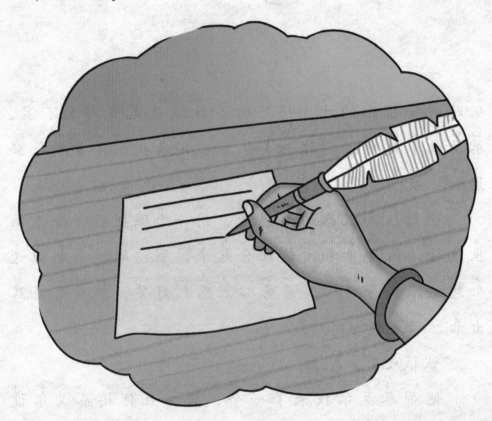

他找到了一个编辑朋友，对他说："有人在我们家的书库里发现了一本古老的手稿残本，我从上面抄了几首一个名叫婆奴·辛格的古代诗人的诗。"说完，就把自己的那几首仿作给朋友看。

朋友看了，大声叫好，欣喜若狂地说："这简直是我看到的写得最好的古诗。这是一个重大发现，我一定要立即拿去发表出来！"

这时，泰戈尔才把自己的草稿本拿给他

看，对他说这些诗其实是自己写的。那位朋友目瞪口呆，喃喃地说：

"是啊，是啊……诗倒是写的不坏。"

这几首署名婆奴·辛格的诗最终还是发表了。大家都以为是古代诗人的作品。一个博士在撰写自己的论述印度古代诗歌的论文时还提到了它们。——谁也不知道这竟是顽皮的少年泰戈尔制造的一个骗局，这也反映了泰戈尔写诗的技艺之高。

4. 父亲

　　父亲是宽厚的，也是严肃的。在小车站上，他把站长找给他的钱扔了一地。

泰戈尔的父亲名叫代温德拉纳特，是印度近代历史上的一个名人。他是印度近代宗教改革组织"原始梵社"的领袖。

泰戈尔小时候，父亲总是在外面东奔西走，云游四方。他很少看见父亲，父亲也很少顾及到他。父亲总是带着一群仆人，突然归来，又突然离去。对泰戈尔来说，父亲象征着外面的世界，他对父亲充满了敬畏之情。

一次，父亲远在喜马拉雅山区，恰逢俄国人入侵。几个好心肠的女友在母亲面前添油加醋地讲了一番父

亲面临的危险性。母亲真的吓坏了，家里其他人都对这件事不太在意，她只好向还是孩子的泰戈尔求助：

"你愿意写信告诉父亲俄国人入侵的事吗？"她问泰戈尔。

泰戈尔欢天喜地答应了。他不知道写信的格式，便去向哥哥请教。信写成了，并寄了出去。这封充满了母亲的焦虑之情的信是泰戈尔写给父亲的第一封信。

泰戈尔很快就收到了回信。父亲叫泰戈尔不要害怕，他说俄国人万一真的来了，他会把他们赶走的。

这封回信消除了泰戈尔对父亲

怀有的胆怯心理。从那以后，他天天都想给父亲写信，就给父亲写了一大堆信，都交给仆人让他拿出去寄。不过泰戈尔不知道寄信是要买邮票的，他以为只要交给了仆人就可以放心，其实，这些信仆人一封也没有帮他寄。

泰戈尔的父亲不像现在的许多父母，强迫孩子学习，他是相当开明的。有一次，学校有一位老师想从泰戈尔家的书库里借一本书，让泰戈尔去跟父亲说。泰戈尔寻思了很久，不知道怎样跟父亲说，最后决定用孟加拉语说，孟加拉语在当时通常用在

比较正规、庄重的场合。

泰戈尔用孟加拉语文绉绉地跟父亲作了一番矫揉造作的陈述，才把事情说清楚。父亲大概觉得让孩子学太多的孟加拉语，反倒有弄巧成拙的危险，所以，第二天，父亲派人把泰戈尔叫到他楼上的房间去。

"你不必再学孟加拉文了！"他说。

泰戈尔顿时高兴得心花怒放，要知道，孟加拉语学起来是很困难的，尤其对一个孩子来说。

等泰戈尔长大了一点，一天，父亲又把他叫到自己的书房，问他是否愿意陪自己到喜马拉雅山去。泰戈尔喜出望外：到喜马拉雅山去，这可是他做梦都想着的事情！

44

这一次旅行给泰戈尔留下了终生难忘的印象。

他还是第一次出这么远的门。

旅行第一站是博乐堡村。父亲在这里有一个庄园。泰戈尔这个在城里长大的孩子，第一次在这里见到了稻田，他在田野里四处游逛，其乐无穷。

在一片低洼的沙土地里，雨水犁出道道深沟，露出了形态各异的石子。泰戈尔在这里拣了许多奇形怪状的石子，兜在衣襟里给父亲看。父亲从不轻视他的这些孩子气的举动，相反，他总是兴趣盎然。

"妙极了！"他惊叫道，"你从哪儿找来的呀？"

"还有好多好多呢，成千上万！"泰戈尔大声答道，"我每天都可以带回这么多！"

"那可太好啦！"父亲说，"为什么不用它们来装饰我那座小山呢？"

父亲指的是花园里的小土山。泰戈尔后来果然捡了许多石子放在土山上，还摆成了许多美丽的图案。

泰戈尔无意中在一条深沟里发现了一汪泉水，水溢满了，流出来形成一条小溪，一丁点儿大的小鱼摇头摆尾地奋力逆流而上向着源头游去。

泰戈尔便跑去告诉父亲：

"我找到了那么好的一汪泉水，能不能从那儿取水来喝，来洗澡呢？"

"我也是这么想的。"父亲同意了，他分享了儿子的欢乐，吩咐仆人们从那汪泉水里汲水。他就是以这种支持理解的态度帮助泰戈尔树立了对人生的信心，培养了泰戈尔对自然的热爱之情。

为了培养泰戈尔的生活自理能力，父亲还让他掌管日常的零用钱，教他记账，并委托泰戈尔给他的金表上弦；早上一块儿出去散步的时候，让泰戈尔给碰上的叫化子布施。

父亲只顾培养泰戈尔的责任感，却忽视了泰戈尔捅娄子的危险。每次结算的时候，账目总是对不上

号，有时，泰戈尔结的账比父亲给的钱还多。父亲便风趣地说：

"我真该让你给我管钱。你那双手像是会生钱似的。"

而那块金表呢？由于泰戈尔以毫不倦怠的热情给它上弦，结果，没过几天就坏了，不得不送到修表匠那儿去修。

离开博乐堡村，父亲又带着泰戈尔上路了。路上发生的一件事深深地铭刻在了泰戈尔的心里。

事情发生在火车途中停靠的一个大站里。查票员来查票，他使劲地盯着泰

戈尔看，像是心里纳闷，又不愿说出来似的。他走了，一会儿又陪着另一个人来了。两人在泰戈尔父子所在的车厢门口探头探脑地转悠了一阵子，又都走了。

最后站长来了。他看了看泰戈尔的半票，问：

"这孩子没过12岁吗？"

"没有。"父亲说。

那时泰戈尔才 11 岁，但看上去显得大了一些。

"您得给他买全票。"站长说。

父亲的眼睛倏地一亮，闪出怒火，他一言不发地从口袋里取出一张钞票，递给了站长。

站长把找回来的钱递给父亲，父亲倨傲地把钱扔在了月台上；站长感到自己的怀疑太卑鄙了，站在那里，满面羞愧。这件事让泰戈尔看到了父亲的傲骨。

在路上停停走走地玩了一个多月，终于来到了喜马拉雅山。高大茂密的森林，喧闹宽大的瀑布，长满绿色苔藓的岩石，还有高高地耸立在远处的雪峰，这一切都让泰戈尔心醉神迷。

父亲在一座山顶上有一套房舍，父子俩就在那里住下了。泰戈尔有时在屋子里温习功课，有时就出去四处玩耍，度过了生命中最快乐的一段时光。

和父亲的相处使泰戈尔不再害怕父亲，他发现父亲其实是和蔼可亲的，他有空的时候还给泰戈尔讲笑话呢。泰戈尔记得其中的一个笑话是这样的：

"有一个主顾怀疑挤奶人往奶里掺水，就派人去监视这个挤奶人。谁知牛奶却变得更稀了。他又加派了几个人去监视，牛奶变得比上一次还稀。没办法，他只好亲自去见那个挤奶

49

人了，让他解释这是什么道理。挤奶人说，那还不简单，来监视的人越多，他们要喝的牛奶就越多嘛！"

泰戈尔后来写诗写的有名气了，父亲也老了。一次，父亲病了，他派人把泰戈尔和泰戈尔的一个哥哥叫到床前。他让泰戈尔把自己写的诗一首一首地唱给他听，由哥哥弹琴伴奏。

泰戈尔一首接一首地唱着，父亲一边听一边点头。唱完之后，父亲说：

"如果国王懂得我们的语言，能欣赏我们的文学，他一定会奖赏这位诗人。既然国王不行，看来只有

50

yóu wǒ lái zhè yàng zuò le
由我来这样做了。"

shuō wán　　tā jiāo gěi tài gē ěr yì zhāng zhī piào
说完，他交给泰戈尔一张支票。

dāng shí yìn dù hái shi yīng guó de zhí mín dì　　chǔ zài yīng guó de tǒng zhì zhī
当时印度还是英国的殖民地，处在英国的统治之

xià　suǒ yǐ fù qin shuō　guó wáng　bù dǒng　wǒ men de yǔ yán　　tā de
下，所以父亲说"国王"不懂"我们的语言"。他的

zhè fān huà li qí shí bāo hán le shēn chén de jiā yuán lún sàng zhī tòng　　ér tā gěi tài
这番话里其实包含了深沉的家园沦丧之痛。而他给泰

gē ěr de zhī piào zé xiǎn shì le tā duì ér zi suǒ cóng shì de shī gē shì yè de kěn
戈尔的支票则显示了他对儿子所从事的诗歌事业的肯

dìng yǔ zhī chí
定与支持。

fù qin sǐ yú　　　nián　　tā duì tài gē ěr de yì shēng chǎn shēng le
父亲死于1905年。他对泰戈尔的一生产生了

zhòng dà yǐng xiǎng
重大影响。

5.到英国去

泰戈尔来到了英国。同一位英国妇人的交往给他留下了苦涩的记忆。

14岁从学校出来以后，泰戈尔在文学创作上取得了长足的进步，他的长诗《诗人的故事》发表在当时很有影响的文学杂志《婆罗蒂》上，又被一个热心的朋友拿到出版社去出版了单行本。

zhè shì tài gē ěr dì yī bù yìn chéng le dān xíng běn de zuò pǐn
这是泰戈尔第一部印成了单行本的作品。

dàn yóu yú tā hái bù chéng shú xiāo liàng bìng bù hǎo zài shū diàn li xíng
但由于它还不成熟，销量并不好，在书店里形

chéng le jī yā
成了积压。

zài nà ge shí dài wén xué chuàng zuò bìng bú bèi dà jiā dàng zuò zhí
在那个时代，文学创作并不被大家当做职

yè wèi le ràng tài gē ěr yǒu gèng duō de fā zhǎn jī huì dāng fǎ guān
业，为了让泰戈尔有更多的发展机会，当法官

de èr gē jué dìng bǎ tài gē ěr sòng dào yīng guó qù shēn zào
的二哥决定把泰戈尔送到英国去深造。

qù yīng guó zhī qián tài gē ěr zhù dào le èr gē de yí gè péng
去英国之前，泰戈尔住到了二哥的一个朋

you jiā li èr gē gěi tā zhǎo le yí gè gāng cóng
友家里。二哥给他找了一个刚从

yīng guó huí lai de nǚ hái ài nà zuò tā de jiā tíng
英国回来的女孩爱娜做他的家庭

jiào shī jiāo tā yì xiē yīng yǔ kǒu yǔ hé rì cháng
教师，教他一些英语口语和日常

lǐ yí
礼仪。

爱娜长得十分标致，很有文化修养。她听说泰戈尔是一个小诗人，非常欣赏他。她让泰戈尔给自己取一个名字。泰戈尔便给她取名"纳莉妮"，这是《诗人的故事》中的女主人公的名字，由此也可以看出泰戈尔对爱娜的喜爱之情。

泰戈尔还用激昂的曲调给爱娜唱自己的诗。爱娜听完后，说：

"诗人，我想，假如我躺在临终的床榻上，你的歌声也能让我起死回生。"

两个月的相处使两人产生了真挚的感情。爱娜比泰戈尔大几岁，比他成熟，她常常有意无意地向泰戈尔表露自己的爱意。有时她蹑手蹑脚地从背后走来，蒙住泰戈尔的眼睛；有时则抓住泰戈尔的手，借称考验他的力量，用劲拉他，然后突然松手，倒在他的怀里。而泰戈尔总是在她的举动面前手足无措。

有一天，她教泰戈尔英国生活举止的礼节时告诉他，能偷到正在熟睡的女人的手套的人有权吻她。

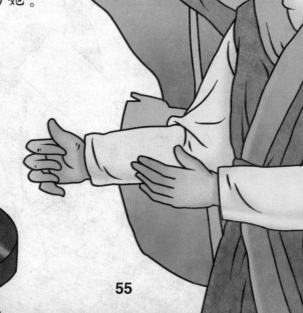

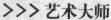
午休的时候，爱娜躺在安乐椅上，当着泰戈尔的面睡着了，手套搁在一边。泰戈尔明白爱娜的意思，但他还是鼓不起勇气拿走爱娜的手套。

爱娜睁开眼，向自己的手套飞快地瞟了一眼，发现它们原封不动地放在那里，谁也没有动过，不由得大失所望。

爱娜是爱泰戈尔的，而泰戈尔不过是一个羞涩的少年罢了，当时并没有领悟爱情的能力。

泰戈尔在暮年时期，一直以深情和十分尊敬的口吻提到爱娜。他在回忆录中写道：

56

"有些年头，在家乡，一些奇异的鸟儿飞来，在我们那棵榕树上筑巢。我还没有很好地学会它们展翅的舞姿，它们就飞回去了，但它们是带着遥远森林里的异常奇特和迷人的音乐飞来的。同样，在我们的生活旅程中，不知从什么陌生的方向飘然而至的女神，向我们倾诉自己心灵的语言，开拓我们心灵力量的界限。她不经召唤而来，最后当我们开始召唤她时，她却消失得无影无踪了。但是，她走时，已在我枯燥的经纬线上，绣上了瑰丽的花边，使我们的日夜充满幸福。"

1878年9月22日，17岁的泰戈尔辞别了亲人与故土，踏上了远赴英国的轮船。

根据家人的安排，泰戈尔被安插到伦敦大学学法律，以便回去当律师。接待他的老师一看见他，不禁脱口而出：

"好帅的小伙子啊！"

这里的学生对他也很好，常常不声不响地往他的口袋里塞桔子、塞苹果，然后就跑开了。

尽管如此，泰戈尔依然感到了在异乡的孤单。他常常坐在窗前，看着房前树上的叶子落下来，感到砭人肌骨的寒冷。

58

过了一段时间，泰戈尔才慢慢习惯了伦敦的生活。他请了一个家庭教师教他拉丁文。这个人裹在旧衣服里瘦削憔悴的身子，好像还不如门外光秃秃的树能抗住冬天的严寒。

他是一个思想者，当时正在研究一种理论。他忙于证明自己的理论，以致于家里的日子都过不下去了，妻子、女儿常常责怪他。

他给泰戈尔上课的时候，上着上着会突然扯到他的理论上去。泰戈尔了解了他的情况，非常同情他，也没有责怪他，反而会常常和他一起讨论他的理论。

有时候，他的眼睛茫然失神，好似被什么重担压垮了似的，拉丁文课也就没法上下去了。尽管这样，泰戈尔也没能忍心辞退他。

授课时间结束了。临行前一天晚上，泰戈尔把报酬交给他，他可怜巴巴地说：

"我什么也没做，只是浪费你的时间而已，我不能收你的钱。"

泰戈尔费尽口舌，他才把钱收下了。

这个人给泰戈尔留下了值得尊敬的印象。还有两个事例也令泰戈尔对英国人肃然起敬。

有一天泰戈尔路过一条大街，看见一个男人站在路边，破靴子露出了脚指头，半袒着胸膛。也许是因为当时英国严禁乞讨，所以他没开口，只是抬起头来看了泰戈尔一会儿。泰戈尔给了他一块金币。

大概是泰戈尔给他

的钱超出了他的期望，泰戈尔还没走几步，他就追上来，对泰戈尔说：

"先生，您弄错了，给了我一块金币。"

还有一次在车站，一个脚夫帮泰戈尔把行李送到站外的马车上。由于当时没带零钱，泰戈尔就给了他一枚两个半先令的硬币。先令是英国的货币单位，一先令相当于十二便士。

过了一会儿，脚夫从后面追上来了，一边跑一边大叫让车夫

tíng chē tài gē ěr yǐ wéi tā xiǎng qiāo zì jǐ de zhú gàng mǎ chē tíng wěn le
停车。泰戈尔以为他想敲自已的竹杠。马车停稳了，

jiǎo fū shuō
脚夫说：

xiān sheng nín yí dìng shì cuò bǎ liǎng xiān lìng liù biàn shì de yìng bì dàng chéng
"先生，您一定是错把两先令六便士的硬币当成

yí gè biàn shì le
一个便士了！"

tài gē ěr yòu gǎn dòng bù yǐ
泰戈尔又感动不已。

dāng rán yě bù néng shuō tài
当然，也不能说泰

gē ěr zài yīng guó jiù méi yǒu shòu dào guò
戈尔在英国就没有受到过

cuò zhé tā hé yí wèi yīng guó guǎ fu
挫折。他和一位英国寡妇

de jiāo wǎng gěi tā liú xià le kǔ sè de
的交往给他留下了苦涩的

jì yì
记忆。

zhè wèi yīng guó guǎ fu de zhàng
这位英国寡妇的丈

fu céng zài yìn dù dān rèn gāo jí guān
夫曾在印度担任高级官

yuán zhàng fu de yí wèi yìn dù péng you
员。丈夫的一位印度朋友

xiě le shǒu yīng wén āi gē dào niàn tā
写了首英文哀歌悼念他，

bìng qiě zhǐ chū āi gē yào yòng yìn dù
并且指出，哀歌要用印度

qǔ diào chàng cái néng tīng chū xiào guǒ
曲调唱才能听出效果。

guǎ fu jiù sì chù zhǎo yìn dù
寡妇就四处找印度

rén jié guǒ zhǎo dào le tài gē ěr
人，结果找到了泰戈尔。

tài gē ěr tuī tuō bú diào jiù chàng le
泰戈尔推托不掉就唱了

yí biàn guǎ fu tīng le rèn wéi hěn
一遍。寡妇听了，认为很

hǎo tài gē ěr sào de liǎn dōu hóng
好。泰戈尔臊得脸都红

62

了，他自己觉得歌词跟曲调配合起来之后，简直糟透了。

以后泰戈尔又常常在各种社交场合见到这位寡妇。每次见到她，她都要让泰戈尔唱这首歌给在场的朋友听。每当她从口袋里掏出那不祥的歌曲，泰戈尔就觉得头皮发麻，耳朵里轰轰作响，但不得不低着头，硬着头皮唱。

唱完以后，在场的人一边极力压住窃笑，一边异口同声地说："唉呀，真妙啊！太感谢您了！"

寡妇在一边扬扬得意，而泰戈尔则出了一身冷汗。

以后，泰戈尔总是尽力避免遇见这个寡妇。快要离开英国的时候，他突然收到了寡妇拍来的一个急电，让他到她家去一趟。想到临行前应该去看看这个寡妇，泰戈尔就去了。

寡妇住在郊外，离伦敦还有一段路。泰戈尔下课后便直奔车站。那天天气糟透了，寒风刺骨，大雪纷飞。

泰戈尔上车后在火车上找了一个座位，开始读书。天已经黑了，车窗外什么也看不见。火车开一段儿停一下，旅客们则上上下下。泰戈尔完全沉浸到自己的书中去了，以致于火车开过了站他都没有察觉。当他醒悟过来的时候，火车已经超

chū hěn yuǎn le
出很远了。

tā zhǐ hǎo zài lìng yí gè zhàn xià chē   bǎ hòu hòu de dà yī yì zhí kòu dào
他只好在另一个站下车。把厚厚的大衣一直扣到

bó zi shang   zuò zài zhàn tái de yì zhǎn dēng xià   yòu kāi shǐ dú shū
脖子上，坐在站台的一盏灯下，又开始读书。

bàn gè xiǎo shí hòu   yí liè fǎn fāng xiàng de liè chē dào zhàn   tài gē ěr cái
半个小时后，一列反方向的列车到站。泰戈尔才

zhōng yú huò jiù
终于获救。

běn lái yuē dìng qī diǎn zhōng dào   tài gē ěr jiǔ
本来约定七点钟到，泰戈尔九

diǎn zhōng cái dào   chī wǎn fàn de shí jiān zǎo guò le
点钟才到，吃晚饭的时间早过了。

nǚ zhǔ rén wèn tā
女主人问他：

luó bīn   zěn me huí shì   nǐ gàn shén
"罗宾，怎么回事？你干什

me qù le
么去了？"

tài gē ěr rú shí gào su tā le
泰戈尔如实告诉她了。

tā běn lái xī wàng zhǔ ren duān
他本来希望主人端

chū wǎn fàn gěi tā chī
出晚饭给他吃，

yīn wèi tā cóng shàng wǔ shí
因为他从上午十

diǎn chī guò fàn lí kāi jiā
点吃过饭离开家，

到现在还没吃东西，谁知这位驻印高官的寡妇只说了声：

"罗宾，喝杯茶吧。"

泰戈尔一向不喜欢喝茶，但那天满心指望茶能有助于缓和一下难忍的饥饿，便勉强吞下了一杯浓茶。

喝完茶，泰戈尔被让进了客厅。那里有几位上了年纪的女士，还有一位漂亮的美国姑娘，她和女主人的侄子订了婚。女主人的侄子陪着她。

"咱们跳舞吧！"女主人提议。这当然是为了方便那对刚订婚的恋人。

泰戈尔既没这个心情，也没这个力气。可是他性情太温顺，并没有提出异议。他饥肠辘辘地陪那几位垂垂老矣的夫人跳起舞来。

舞会结束后，女主人打发一个仆人送泰戈尔到附近的一家客店去住。

泰戈尔心想，这下可以消灾降福了，在客店至少可以弄点吃的吧。

一到客店，泰戈尔就打听有没有吃的："鱼肉、蔬菜、冷的、或是热的，什么都行！"

伙计告诉他，酒是应有

尽有，吃的一点儿没有。泰戈尔绝望了，心想一睡解千愁吧——可终究是饿得没睡好。

第二天早上，寡妇派人去请泰戈尔吃早饭。早点全是冷食。泰戈尔吃得只想吐出来。

早饭后，女主人告诉他，请他来是让他给一位女士唱歌，她生病了，不能起床，泰戈尔得对着她卧室的门给她唱印度小夜曲。

寡妇让泰戈尔站在楼梯口，指了指一扇紧闭的门，说：

"她就在那里面。"

泰戈尔就面对着这扇门和门后神秘的陌生人唱开了。

回到伦敦后，泰戈尔生了一场病。这是他为自己的好心肠和温顺的性情付出的代价。

几个月后，即

1880年2月，泰戈尔结束了他近一年半的异国生活，回到了故乡印度。在他的回忆录中，他这样总结自己的海外求学生涯：

"我在大学只念了不长的时间，我对外国的知识差不多全是靠同仁们的接触得来的。这不是学校式的读书，这是一面了解文学一面又接触人心。我去了外国，却并没有成为律师。"

69

6. 诗神的诞生

泰戈尔用石板写诗，终于写出了自由自在的诗。他开始成名了。

留学英国没有让泰戈尔成为律师，倒是让他在诗歌的道路上越走越远。他在英国就开始酝酿长篇抒情诗《破碎的心》，回国以后终于写完。诗中优美流畅的句子在当时印度的年轻人中流传一时。

在英国，他还接触到了西方音乐，回家后，他结合印度音乐和西方音乐写成了自己的第一部音乐剧《瓦尔米基天才》，在家庭演出中获得

了成功。泰戈尔在剧中亲自扮演了主要角色。

回家后，他住在哥哥的位于恒河岸边的别墅里。房子大而空，给泰戈尔提供了良好的沉思反省的空间。

一天，他开始尝试用一块石板写诗。这帮助他解放了自己。他意识到，过去自己钟爱的诗稿本子其实无形中对自己形成了束缚，因为用墨水写下来的东西似乎总要求中规中矩。而石板就自由多了。

"不要害怕！"它像是在对泰戈尔说，"随意写吧，只要擦一下，一切就都抹去了！"

就这样，泰戈尔毫无顾忌地写了一两首诗，他感到胸臆里涌起一阵阵欣悦之情。

"我的诗终于是自己的了！"他在心里说。

享受着喜悦的第一阵浪头的冲击，他根本顾不

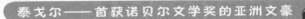

上去管什么诗的格律；而是让自己像溪水一样自由流淌。以前他一定会认为这么做是大逆不道，可是，现在他一点儿也没感到良心的责备。创新总得先打破条条框框。

他把这些离经叛道的诗念给一个诗歌朋友听，初次听完之后，朋友又惊又喜，认为这是一些杰作。有了朋友的认可，泰戈尔对自己更有信心了。

他又写出了许多首，后来结集出版，这就是《暮歌集》，它标志着泰戈尔个人风格的形成。

恒河一带是印度自然风光优美的地区，泰戈尔常常和朋友们一起忘情

地陶醉在自然的怀抱里。年老以后，他仍然记得其中的一次夜游。

一天傍晚，月光皎洁，他和几个朋友乘着一条小船溯卡罗那迪河而上。他们把小船停泊在乡村的一个古老的城堡脚下，然后舍舟登岸，信步踱进一家洒扫整洁的小小农舍院落。月光擦过院墙，洒到他们就座的地方，令人心醉。他们在那里吃光了带来的食品。在返航的路上，他们一任小船顺流漂去。夜色笼罩着寂静的丘陵丛林，在卡罗那迪河悄悄的流水上，倾泄着迷人的月光。过了很久很久，他们才漂流到入海口处。他们没有从海路返回，而是下了小船，穿过沙滩，步行而归。那里正当深夜，悄无人迹，连海面上也没有一朵浪花，就是那些不肯息止的林中怪树也都安静下来，不再沙沙低语。沿着宽阔的沙滩，寂静的丛林投下一道阴影，夜空之下，环绕地平线的苍翠的群山都安然入睡了。

在无边无际的月光下，深沉的静谧中，只有他们几个人踏着自己的影子，默默地走着。在到达住所的时候，睡意早已迷失在更深的诗情里。那一夜，泰戈尔写的诗，也神秘地融进了那遥远的海边之夜：

让我沉没，沉没，沉没在午夜黑暗深处。

不要抓紧我，大地啊，从你泥土的牢笼里释放我，使我解脱。

繁星啊，请从遥远的高空守望着我。

虽然你们已因畅饮月光而沉醉不醒。

无边的苍穹啊，请你展开双翼紧紧环抱我。

让这里没有歌曲，没有语言，没有声音，没有触抚，也没有睡眠和苏醒。

只有迷人的月光，如一阵狂喜的晕眩，

笼照着我，笼照着夜空。

对于我，世界宛如一艘满载重客的航船，在遥远的碧空里逐渐消失。

76

船上的"水手之歌"也渐渐微弱，终于无声无息。

此刻，我自己正慢慢化作一个小颗粒，溶入漫漫长夜的怀抱里。

在自然的陶冶下，泰戈尔亦迎来了他诗艺上的飞跃。

一天，薄暮时分，他在住宅的露台上散步。落日的斜晖融进苍茫的暮色，给即将来临的黄昏增添了迥然不同的魅力。就连比邻的院墙似乎也变得妩媚了。泰戈尔自问，是不是黄昏的魔力揭去了笼罩在每天所见的世界上的那层平凡琐屑的伪装呢？不是！

刹那间，他明白了这是钻进他心灵的黄昏产生的影响，不是世界变了，而是他的感受和心绪变了。泰戈尔此时的感觉有点像佛家所说的"顿悟"。他猛然明白了点什么。

自那以后，他一次又一次地设法超越自我，试着以旁观者的身分来观察世界，每次他都感受到了一种特殊的快感。

就这样，泰戈尔获得了一种更敏锐的洞察力，它一直伴随他度过终生。

从他的住处可以望见街尽头和对面教会小学校园里的树木。一天清晨，他偶然站在走廊上向那边瞭望着。一轮红日正从对面绿树梢头冉冉升起。

他凝眸注视，蓦地，好像遮着双眼的面纱落下了，

他看见整个世界都沐浴在万道霞光中，美与欢乐的

浪潮滚滚涌来，刹那间，霞光刺激了压在他心头的

重重悲伤和沮丧，使他的胸中洋溢着一片光明。

就在那一天，泰戈尔的诗《瀑布的觉醒》宛如一

条真正的瀑布，喷射出来，急速地涌流着。诗写完

了，但是泰戈尔对世界的美好感觉依然延续着。世界

变了样，他感到世间没有一个人，没有一件东西是猥

琐的，令人厌恶的。第二天发生的一件事在平时是难

以想象的。

有那么一个怪人，他常来找泰戈尔，一来就问些傻话。有一天，他问泰戈尔：

"先生，您可曾亲眼见过神？"

泰戈尔只好承认说没见过，他一听，就一本正经地告诉泰戈尔他见过。

"你看见的神是什么样子？"泰戈尔问。

他回答道："他在我眼前喜洋洋地游来晃去。"

不难想象，一般人谁也不愿意被这么个人拉扯着进行玄虚的讨论。加上，那时泰戈尔正埋头创作，所以就总是不理他，让

80

tā yí gè rén dū nang
他一个人嘟囔。

nà tiān xià wǔ　　tā yòu lái zhǎo tài gē ěr
那天下午，他又来找泰戈尔。

zhè yí cì　　jiàn dào tā　　tài gē ěr cóng xīn dǐ li gǎn dào gāo xìng　　rè
这一次，见到他，泰戈尔从心底里感到高兴，热

qíng de huān yíng tā　　zài tài gē ěr yǎn zhōng　　tā de guài dàn hé yú chǔn de miàn shā
情地欢迎他。在泰戈尔眼中，他的怪诞和愚蠢的面纱

yǐ jīng piāo luò le　　tā gǎn dào zhè ge rén xiàng zì jǐ yí yàng　　yě kàn dào le shì
已经飘落了。他感到这个人像自己一样，也看到了世

jiè de zhēn xiàng　　tā hé zì jǐ shì nà me jiē jìn
界的真相，他和自己是那么接近。

dāng tài gē ěr yì shí dào zì jǐ jīn tiān tài du de gǎi biàn shí　　tā de xīn
当泰戈尔意识到自己今天态度的改变时，他的心

里洋溢着无限喜悦，他觉得
自己已揭去了虚伪的面纱，
而这层面纱曾给他认识世
界带来多少不必要的不快和
痛苦啊！

在这种心态下，他创
作了他的另一部重要诗集
《晨歌集》。诗集中表现出
的泰戈尔对自然的全新感受
带来了印度诗坛上的新风
气。也是这部诗集使他引起了人们的广泛关注。许多
人开始意识到，印度的诗神将要诞生了。

泰戈尔晚年，有一次，一位年轻教师问他：
"关于上帝你讲了那么多话，莫非你真的相信？"
沉吟了片刻，泰戈尔慢条斯理地答道：

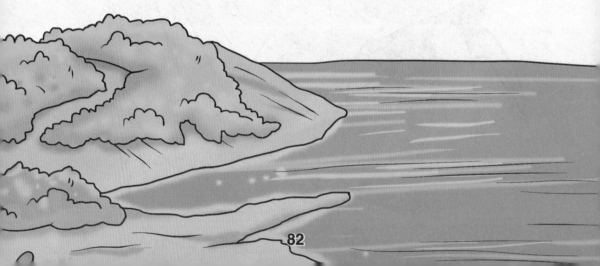

"不相信。我只能说，只有当我沉浸于一首新诗里时，我才格外深刻地和亲切地感受到他的存在。"

这表明泰戈尔把诗歌看作一种神圣的东西，他可以用它来通神，但神是不存在的，存在的只是他的诗歌。这也许就是人们说诗人是神派来的使者的原因吧。

7.站在坚实的土地上

帮助父亲管理农庄，他开始接触普通劳动人民，这使他写出了许多棒极了的短篇小说。

转眼之间，泰戈尔已经长大成人了，家里开始给他张罗婚事。

在第一次给泰戈尔物色配偶时发生了一则有趣的轶事，在泰戈尔家族中流传着。

事情是这样的，与泰戈尔的家乡毗邻的奥利萨邦的王公有个女儿，已值成亲的妙龄。他们愿意把她嫁给出身贵族世家、年轻英俊的诗人。于是，哥哥和泰戈尔一同前往相亲。依照王公的规矩，他们在那儿见到了两位妇女，一个容貌出众，妩媚动人，一个相貌平常。两兄弟相过亲后，都暗暗希望那位妩媚动人的女子将是未来的新娘。

但事与愿违，不久，他们获知，那位相貌极其平淡的姑娘是待嫁的公主，而那位花容月貌的女子却是公主的继母，王公的妃子。泰戈尔闻知此讯，心里很是失落了一阵子。

家里人又继续留意，最后为泰戈尔选中了在泰戈尔家里谋职的一个管事的女儿。当时印度仍然流行着童婚的习俗。这个幼小的新娘当时才11岁。虽然她并无漂亮的容貌，也不识多少字，但后来的事实证明，她是一个贤慧的妻子。

成婚时，泰戈尔22岁。

不管年轻的诗人在文学领域取得了多么可观的成就，泰戈尔的父亲坚持认为：作为一个男子，作为一个大家族的子孙，泰戈尔必须学会承担责任。

于是，1890年，泰戈尔接替大哥去照管祖

chuán de zhuāng yuán chǎn yè yì zhǒng quán xīn de shēng huó kāi shǐ le
传的庄园产业。一种全新的生活开始了。

nà shí tā shè shì wèi shēn zì jǐ de xū yào yòu shǎo jiā zhī
那时，他涉世未深，自己的需要又少，加之

gēn běn bú shàn yú fēn biàn chéng shi yǔ jiān zhà suǒ yǐ tā hěn kuài jiù yǒu
根本不善于分辨诚实与奸诈，所以，他很快就有

le dà shàn rén de míng shēng tā zī zhù dāng dì de pín kǔ nóng mín hái cháng
了大善人的名声。他资助当地的贫苦农民，还常

cháng zì yǐ wéi shì de zī zhù yì xiē dà xué sheng wèi tā men fù xué fèi
常自以为是地资助一些大学生，为他们付学费，

shí jì shàng xué fèi duì yú qí zhōng de yì xiē rén jiù xiàng bù céng fān biàn de
实际上，学费对于其中的一些人就像不曾翻遍的

shū běn yí yàng quán dōu bái fèi le
书本一样，全都白费了。

yǒu yí cì yí wèi cháng fà qīng nián ná zhe tā jiě jie yì
有一次，一位长发青年拿着他"姐姐"一

fēng xìn lái jiàn tài gē ěr nà wèi jiě jie qǐng qiú tā bǎo hù tā de bǎo shòu
封信来见泰戈尔。那位姐姐请求他保护她的饱受

jì mǔ nüè dài de dì di qí shí jiě jie hé jì mǔ chún shǔ zǐ xū
"继母"虐待的弟弟。其实，姐姐和继母纯属子虚

wū yǒu ér dì di zé xiǎn rán bú shì xū gòu de yīn wèi tā jiù zài
乌有，而弟弟则显然不是虚构的——因为他就在

泰戈尔的眼前。泰戈尔二话不说就给了他钱，那封虚构的姐姐的信根本没有必要。

不久，另一个小伙子来告诉泰戈尔，他正在大学读书，可是因为脑子出了毛病，不能参加考试了。泰戈尔为他感到焦虑，可是他对医学或其他科学全都一窍不通，不知道怎样替他出主意。

那小伙子接着说，他在梦中看到泰戈尔的妻子是他前世的母亲。若是他能喝到一点泰戈尔妻子的脚沾过的水，就可以痊愈。

"也许您不相信这样的事呢？"他最后不好意思地笑笑说。

泰戈尔说，我信不信没有什

me guān xi　zhǐ yào nǐ rèn wéi nǐ néng quán yù　nà jiù qǐng hē ba　shuō wán
么关系，只要你认为你能痊愈，那就请喝吧。说完，

tā jiù gěi xiǎo huǒ zi ná lái yì xiǎo píng qī zi jiǎo zhān guò de shuǐ　xiǎo huǒ zi
他就给小伙子拿来一小瓶妻子脚沾过的水。小伙子

shuō　hē xià zhī hòu　tā jué de hǎo duō le
说，喝下之后，他觉得好多了。

　　cóng nà yǐ hòu　xiǎo huǒ zi jīng cháng dào tài gē ěr de zhù chù lái　hē
　　从那以后，小伙子经常到泰戈尔的住处来。喝

shuǐ　chī dōng xi　hòu lái gān cuì zài tài gē ěr fáng jiān de yì jiǎo zhàn jù le yí
水，吃东西，后来干脆在泰戈尔房间的一角占据了一

kuài dì pán　bìng qiě kāi shǐ zhāo dài péng you xī yān jù huì　fǎng fú zì jǐ zhēn de
块地盘，并且开始招待朋友吸烟聚会，仿佛自己真的

shì tài gē ěr de ér zi sì de　zhí bī de tài gē ěr bù dé bù táo chū nà yān wù
是泰戈尔的儿子似的。直逼得泰戈尔不得不逃出那烟雾

mí màn de fáng jiān　xiǎo huǒ zi jiàn jiàn zhèng míng　háo wú yí wèn　tā de nǎo zi
弥漫的房间。小伙子渐渐证明，毫无疑问，他的脑子

kě néng shì yǒu yì xiē máo bing　dàn shì　tā kěn dìng yì diǎn er yě bú bèn
可能是有一些毛病，但是，它肯定一点儿也不笨。

有了这次教训以后，除非有大量的真凭实据，泰戈尔再也不轻易帮助什么人。后来他又收到一封自称是"女儿"的信。这一回，泰戈尔可是彬彬有礼而又坚决地拒绝了。

在乡村的田地上，泰戈尔一共生活了7年，这7年里，他不仅亲近了自然，而且亲近了土地上的劳动人民，体验了下层生活的艰辛。这使他的文学创作站在了坚实的土地上。也正是在这个时期，他开始

了自己的短篇小说创作。

他的大部分短篇小说，是他生活在帕德玛河（恒河在某一段的称呼）上的船房（船房的名称也叫帕德玛）时，在观察了有关人物、景色、事物，并受其启迪的基础上写出来的。他在这一时期所写的书信中提到了其中一些小说的产生背景。这一带，不管在哪里，只要沿岸有村庄，就有埠头，石阶直通向水中，男女老少都来这里沐浴、聊天。

他曾仔细观察过一个埠头。古旧的石头上长满苔藓。他不由遐想，倘若这些石头能够说话，它们该能诉说出多少往事啊。少年时代，当他与二哥一起住

在郊外的一个古老的帝国时代的宫殿里时，他就有过这样的感受。

后来，他在回忆的基础上，写下了著名的短篇小说《饥饿的石头》。在小说里，岸埠也开口讲话了。它叙述一个可爱的小姑娘，以往经常来河边。

"……她是那么迷人，当她的倩影投入水中时，我常常想，如果我能挽住这个影子，把它留在我的石头上时，上面的苔藓也会兴奋得颤抖起来。"她名叫古苏姆。尽管她的女伴用另外一些爱称呼唤她。她觉得自己对水有一种特殊的亲切

92

感。有一天，她不再到水边来了。

台阶从她的女友们的交谈中猜出，

小古苏姆已经出嫁，嫁到另一个村

庄去了。

　　光阴荏苒，转瞬几个月过去

了。有一天，石头突然又感到了往

昔那种熟悉的兴奋的颤抖，只有

古苏姆的脚步才会引起这样的反

应。但是她的脚步再也没有从前那

种轻快的音乐声了。古苏姆回到

了故乡，她已成了寡妇！

　　又过了一些年头，古苏姆渐渐长成一位美丽的少

妇。……她具有如同恒河在雨季涨潮时那般丰腴之美。"一

日，一位颀长、白皙而英俊的苦行僧来到了村上，住在靠埠

头的庙里。村里的男男女女都

来看望他，倾听他讲道，但

古苏姆没有露面。

　　一天月蚀，许多人从远

近乡村聚集到神圣的恒河里

沐浴。其中有些妇女来自古苏

姆生活过数月的婆家的村落。

93

台阶听见一个妇女说："乍看，苦行
憎酷似古苏姆的丈夫。"

另一个说："但他已失踪，好
像已经死了，他怎么能复生回来
呢？"

第三个妇女说："是啊，他可没
有这么长的胡须啊！"

这句话终于解决了她们的争
执，然后各自走掉了。

一天晚上，月亮圆圆，古苏姆
来了，坐在台阶上。那儿阒无一人。
过了片刻，苦行僧从庙里走出，朝
埠头走来。此时他突然注意到一个孤
独的女人坐在一级台阶上。当
他踌躇不定刚要拔脚转身
时，古苏姆抬起了头。两人在
圆月的清辉下，默默对视。古
苏姆蓦然清醒过来，拉下面
纱，遮住自己的面庞，对苦行
僧施礼。

苦行僧问道："你叫什么

名字？"古苏姆说出了

自己的名字。从这以后，

古苏姆每天傍晚来献花，

凝神谛听苦行僧的教诲。

后来，古苏姆突然又消失

了，好长时间不来河边，

不去庙里。

有一天，苦行僧派

人去叫她。她来到他跟

前，坐了下来，低垂着

双目。当苦行僧责问她

为什么这么多天不露面

时，她说，她是有意躲

避，因为她羞于自己的"邪念"，不配坐在一个圣人的旁边。

在苦行僧再三盘问下，她供认她做了个梦，梦见苦行僧向她求爱。从那时起，这个梦就像是现实一样，萦回在她心头。她不能把苦行僧看做别人。而只能把他看做自己的丈夫和情人。苦行僧听了茫然若失，当他镇静下来时，恳求古苏姆忘掉他，随后他从这个村庄里永远消失了，谁也没有再

听到过他的任何音讯。

古苏姆绝望了，徐徐地走下台阶，驻足站立，望着一泓河水。"从童年起她就爱着这条河。现在她到了危急时刻，倘若河水不把她收入自己的怀抱，谁会收容她呢！"只听见扑通一声，然后，什么都不复存在。一切归于沉寂了。

《饥饿的石头》讲述的就是这样一个动人的故事，它表现了泰戈尔对下层妇女命运的关注。它的淡淡的忧伤的氛围使它像一首诗，流传至今，成了世界短篇小说中的经典作品。

泰戈尔同期的小说名篇还有《邮政局长》，它的创作灵感同样来自于生活。

一天，村邮政局长——一个刚从城里招募而来的、受过教育的青年来拜访泰戈尔时说，他的心已对孤僻凝滞的环境感到厌倦。他想知道，泰戈尔是如何生活的，是怎样消磨时光的。泰戈尔由于这个偶然的接触，创作了《邮政局长》。

在1891年2月的一封信里，他描绘了那个后来在他的这篇小说中成为不朽形象的局长：

"邮局就设置在我们田庄办公楼里，这对我们是十分便利的，信一到，我就能收到。有时晚上，邮政局长就来与我聊天。我喜欢

听他讲故事。他以极其严肃的虔诚态度谈论一些根本不可能发生的事情。"

小说中的邮政局长也是个城市里长大的青年，被安排在孟加拉一个疟疾猖獗的小村庄里供职。乡村里有一个名叫罗丹的孤女，没有亲人帮她做饭。邮政局长没有多少事可做，为了打发夏季的沉闷长夜，他总要唤姑娘来身边，一面吸着家乡的旱烟，一面聊天，他给她讲了许多他非常怀念的大城市里的事情。过了些日子，他又教她读书写字。这个从未尝到过慈爱的孤女逐渐深切地依恋上自己的年轻

主人，她常常热切地等待黄昏的到来。

有一天，邮政局长患严重的疟疾，卧床不起。小姑娘昼夜服侍他，使他很快恢复了健康。但邮政局长对她这番情意，并不以为然，他刚能起床，就辞了职，准备返回城里。当罗丹求他带她一起走时，他笑道："喔，真是异想天开！"

在他即将离开她时，要给罗丹一些钱，罗丹拒绝了。她失声痛哭道："你不用管我！"然后，跑得无影无踪。邮政局长坐在船上时叹了口气，沉思道，生活是多么奇特，天

晓得有几多相会，几多离别！

但可怜的罗丹并不懂得这种 生

活的哲学。她忧伤地在邮局四周徘徊，

眼泪顺着她那可爱的脸颊流淌。

这篇小说同样是对下层女性的关

注，体现了作者对小人物命运的悲悯之

心。诗人泰戈尔在短篇小说里，和劳动

人民联系在了一起。

8.另一些收获

泰戈尔根据印度古代史诗创造诗剧，使这些古老的故事焕发光彩。

泰戈尔是文学上的多面手，他不仅是天才的诗人、写作短篇小说的圣手，而且还是印度文学史上出类拔萃的剧作家和散文家。

在印度乡村漫游的几年里，他的收获是多方面的。

出版于1892年的诗剧《齐德拉》是泰戈尔的名著之一，曾被译介到西方，并以话剧、舞剧等多种形式出现在欧洲的舞台上。

了解该剧产生的背景是十分有趣的，作者后来回忆道：有一次，他旅行之后，在返回加尔各答市的途中，正是四月初，他从火车车厢的窗口眺望朝后闪去的一幅幅风景时，突然车窗外花团锦簇的树丛使他着了迷。看，多么温馨可爱的鲜花，虽然它们将会在灼热的骄阳下很快凋谢，但取而代之的将是在树上结出的丰硕果实。

年轻的诗人一面沉思，一面自言自语地说："倘若一个感情丰富的女人觉得，她的情人只是由于她外在的、短暂的肉感魅力与她结合，而不是因为她的心灵的优美、或她终身的爱情而与她结合，那么那个妇

女将会发现爱情将是不长久的。"这个思想是如此紧
紧地缠绕住诗人，致使他渴望以戏剧的形式将它表达
出来。这时，印度古代史诗《摩诃婆罗多》中的一个
情节浮现在他脑海，两者在他的意识中不断争斗着。
几年后，当他查看田产去奥利萨邦的彭杜可小村居住
时，终于写下了这个名剧。

记录在印度史诗《摩诃婆罗多》里的这则故
事是简单而平淡的，没有一点独特的戏剧性。现

介绍故事情节如下：为了履行自己庄严的誓言，伟大的英雄阿周那到处漂泊，后来到达了印度最东部的曼尼普尔国。在那里，他看到了曼尼普尔王的美丽女儿齐德拉。曼尼普尔国王没有儿子，就把公主当做自己的继承人。阿周那爱上了公主，娶了她。一年之后，他们得了一子。

泰戈尔在创作过程中，进行了艺术加工，给原先没有血肉的故事情节，赋予了生命，使

zhī shǎn xiàn chū mí rén de làng màn chuán qí sè cǎi chōng mǎn le nán nǚ guān xi zhōng
之闪现出迷人的浪漫传奇色彩，充满了男女关系中
de shēn kè de xīn lǐ fēn xī kàn kan tōng guò tā de xiǎngxiàng jiǎn dān de shì jiàn
的深刻的心理分析。看看通过他的想象，简单的事件
róng liàn chéng le hé děng yǐn rén rù shèng de gù shi
熔炼成了何等引人入胜的故事：

gōng zhǔ qí dé lā àn zhào nán hái de fāng shì bèi fǔ yù zhǎng dà xué huì le gōng chéng
公主齐德拉按照男孩的方式被抚育长大，学会了攻城
yě zhàn de shí bā bān wǔ yì tā kàn shàng qu shí fēn cū guǎng
野战的十八般武艺。她看上去十分粗犷、
píng dàn quē fá nǚ rén zhēng fú rén xīn de tè yǒu shǒu duàn
平淡，缺乏女人征服人心的特有手段。
tā bú yòng yǎn jing jiù néng lā gōng shè jiàn
她不用眼睛，就能拉弓射箭。

yì tiān dāng qí dé lā chuān zhe liè rén de yī
一天，当齐德拉穿着猎人的衣
shang zài sēn lín li zhuī zhú yì zhī pìn lù shí kàn
裳，在森林里追逐一只牝鹿时，看
jian yí gè nán rén héng wò zài lù shang tā yòng yán
见一个男人横卧在路上，她用严
lì de kǒu wěn hè chì tā ràng lù dàn tā zhì
厉的口吻喝斥他让路，但他置
zhī bù lǐ tā bèi jī nù le yòng gōng
之不理。她被激怒了，用弓
jiān chuō tā tā xiàng huǒ miáo yí yàng
尖戳他。他像火苗一样
huò de cuàn yuè ér qǐ dāng kàn dào yí
霍地窜跃而起，当看到一
gè liè rén dǎ ban de máo hái
个猎人打扮的毛孩
zi tā zhī qīng
子，他只轻

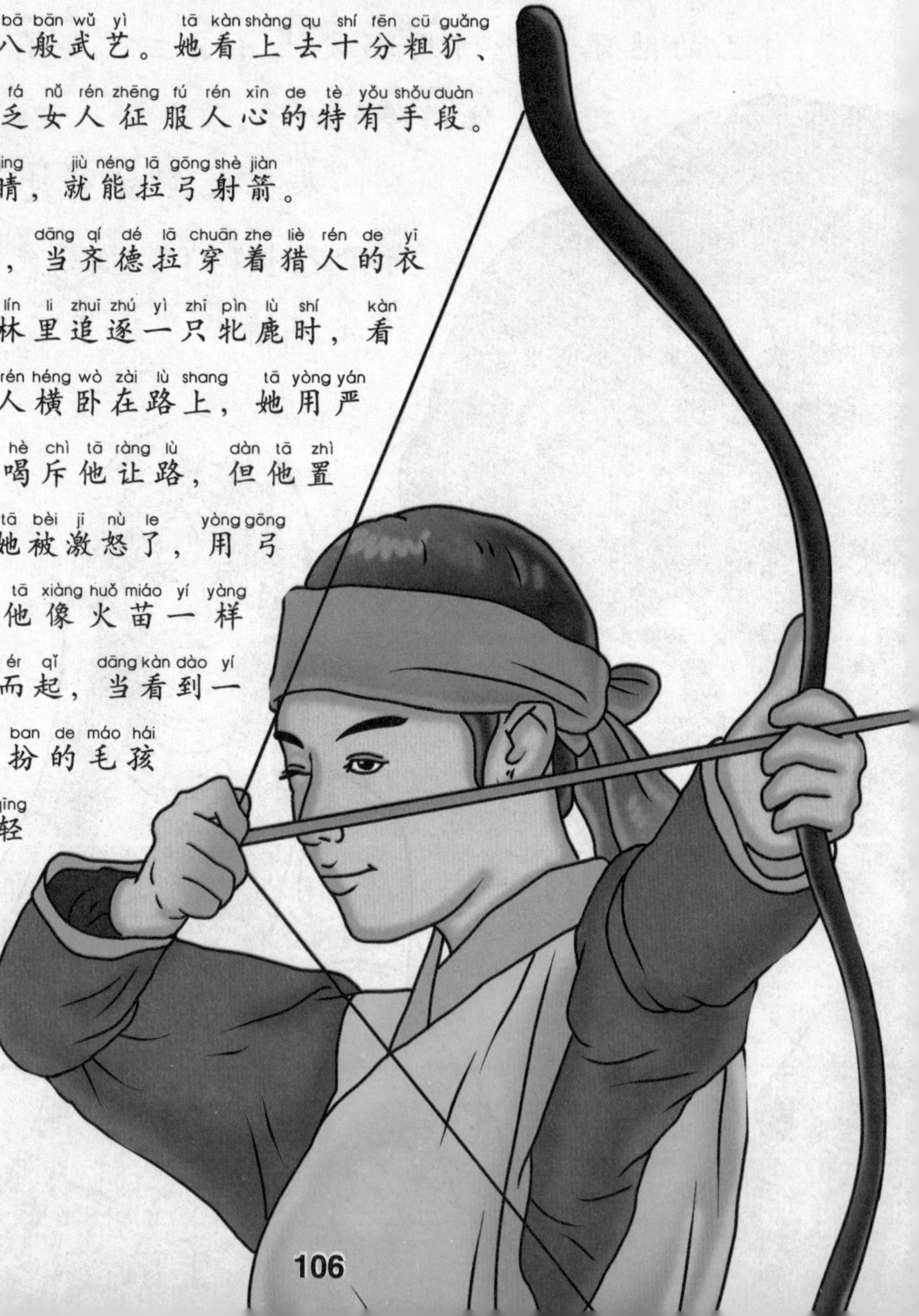

蔑地一笑。那时，她生平第一次感到自己是个女人，而一个男子汉站在面前。

她盘问他是谁，男子答道："我是出生在伟大的俱卢族里的阿周那。"公主惊愣了。他原来是传闻中大名鼎鼎的英雄，是每个女子梦寐以求的英雄。她不知所措，瞠目结舌，甚至忘了向那位伟大勇士致敬。而那个男子却轻蔑地扬长而去。

次日清晨，她卸下男装，换上女装，去森林寻找阿周那，试图向他求爱。但阿周那对她的求爱不屑一顾，说："我已立下过独身生活的许愿，严禁接触女人。"齐德拉的心蒙受了羞辱与伤害。她把自己的弓箭，折成两段扔掉，为祈求爱神的帮助而修苦行，过上了艰苦的日子。

duì tā de kǔ xíng gǎn dào mǎn yì de ài
对她的苦行感到满意的爱

shén yāo qǐng zì jǐ de nǚ bàn chūn shén yí kuài
神，邀请自己的女伴春神一块

chū xiàn zài tā miàn qián gōng zhǔ kěn qiú dào
出现在她面前。公主恳求道：

zhǐ yào yì tiān jǐn jǐn yì tiān chénguāng ràng
"只要一天，仅仅一天辰光，让

wǒ biàn chéng měi mào jué lún de měi nǚ ràng ài
我变成美貌绝伦的美女，让爱

qíng zài wǒ xīn líng li sū xǐng zhǐ qiú gěi wǒ
情在我心灵里苏醒。只求给我

yì tiān de wán měi wǒ yuàn zài jīn hòu bào dá
一天的完美，我愿在今后报答

zhè yí qiè de ēn diǎn shén cì gěi le tā wán
这一切的恩典。"神赐给了她完

měi zhè yì lǐ wù bú shì yì tiān
美这一礼物，不是一天，

ér shì zhěngzhěng yì nián de shí jiān
而是整整一年的时间。

xiàn zài qí dé lā biàn chéng
现在，齐德拉变成

le lìng rén xiāo hún de měi nǚ dāng tā
了令人销魂的美女。当她

在森林里的湖水中沐浴戏水，欣赏着自己的美

丽时，阿周那把目光投向她身上，失去了

自制力，忘却了独身的誓言，向她求爱。

几个月来，两位情人尽情地享受

着自由爱情的无限欢乐。但是，齐德拉并

不完全幸福，当她想起自己在阿周那的怀抱

里狂喜难禁时，羞愧得脸上发烧。"我的羞

涩就像解开的衣服，落在自己的脚下。"她

向爱神诉说："你把我投入到多么可怕的火

焰里！我自己被燃烧，我也燃烧自己所接

触到的一切。"她为自己用借来的美，征

服自己的情人而感到羞愧。

109

她害怕她的自身造就了一个情敌。

"我发现，我的身体已成了我自己的情敌。我不得不天天打扮她，送她到情人那儿，冷眼旁观他们的爱情游戏。神啊！收回你的礼物吧！"爱神宽慰她：在适当时机，开花季节让位于结果季节，阿周那在厌倦了肉体享受之后，将会在她身上寻找真正的女性美。在这之前，"孩儿啊，你还是回到令人心醉的狂欢之中去吧。"

果然，物极必反，过度的纵乐引出了反作用。作为勇士的阿周那开始渴望真正的生活，渴望"比肉体享乐更为天长日久的爱，经受患难与共的坚贞不渝的爱"。他的心不安起来，就像"从漫长的冬眠中苏醒过来的蛇一样"。他与一些森林居民相遇，听

他们讲述英勇威武的公主齐德拉的故事，说：

"她既高尚又勇敢，她既有男子的盖世勇气，又有母亲的温存柔情。"阿周那惊异的思忖：这个齐德拉是谁？他美丽的情侣回答了他的问题，说：

"公主长得奇丑无比，没有女性的任何魅力；她的品德严酷得像一座监狱，她的女性的心灵在里面呻吟；她像阴霾清晨的精灵，坐在石头山峰上，乌云遮没了她的全部光芒。请别问我她的生平经历，她不能使男子的心甜蜜起来。"

但是，阿周那的好奇心被她唤醒，他乞求齐德拉，让他与公主相会，让他看清她的庐山真面貌："我似乎从来没有正确地了解你。你好像隐藏在金色雕像内的女神一般……幻觉是真实的第一表象。"她曾经乔装打扮走向自己的情人，现在她将抛掉服饰与面纱，毫无遮掩地站到情人面前的时刻，终

111

于到来了。阿周那说："我渴求你原来的面目，真实的无遮掩的模样。"

齐德拉暗自欣喜，答应让他与公主相会。她乞求神明，收回给她的伪装美。神明收回了他们的礼物。齐德拉恢复原来面目，出现在阿周那的面前。她说："我就是齐德拉，曼尼普尔的公主——我既不是情人所顶礼膜拜的女神，又不是为取悦于男子而任人摆布的那种女子。如果你在危机的道路上，愿把我作为你的妻室，留在你身边；如果你让我分担你生活中实践的重担，那时你才会真正了解我。"诗剧以阿周那的充满喜悦之情的台词而落幕："心爱的人啊！我的生活真正圆满了！"

《齐德拉》这个作品是泰戈尔所有创作中哲理

性比较强的一部，它探讨了精神之爱在爱情中的重要性。

与《齐德拉》类似，泰戈尔还有许多叙事诗的故事原型来自印度古代史诗和民间传说，表达了许多朴素的道德观念。

有一首诗中讲述了佛祖的门徒乌帕特的故事。

这位风度翩翩的年轻和尚，有一天睡在城外的地上。突然，有一个什么东西撞在他的胸膛上，他惊醒过来，原来城里的美丽的舞女瓦萨德达正去赴幽会，在黑暗中被他身体绊了一下。

当舞女在灯笼光下，看清了这位年轻漂亮的和尚，动了春心，便请他到她家里去，"因为这坚硬粗糙的土地不适合做你的睡榻。"

和尚望着她，慢条斯理地说："哦，美丽多情的姑娘，现在我的机缘还没有到来，你且去你要去的地方。一待时机成熟，我定

huì qīn zì zǒu jìn nǐ de guī fáng
会亲自走进你的闺房。"

shí guāng liú shì   xǔ duō tiān guò qu le   yǒu yì tiān   hé shang yòu jīng guò gāi chéng
时光流逝，许多天过去了。有一天，和尚又经过该城，

tā kàn jian yǒu yí wèi xū ruò de nǚ zǐ tǎng zài dì shang   tā jiù shì wǎ sà dé dá   zhè ge
他看见有一位虚弱的女子躺在地上。她就是瓦萨德达。这个

měi lì de wǔ nǚ rǎn shàng le tiān huā   chéng li jū mín hài pà tiān huā chuán rǎn   bǎ tā diū qì
美丽的舞女染上了天花，城里居民害怕天花传染，把她丢弃

zài chéng wài   hé shang zuò dào zhè ge hūn mí bù xǐng de nǚ rén shēn biān   tái qǐ tā de tóu
在城外。和尚坐到这个昏迷不醒的女人身边，抬起她的头，

fàng zài zì jǐ de huái li   tā yòng qīng shuǐ rùn shī le tā gān kě de zuǐ chún   zài tā shēn shang
放在自己的怀里。他用清水润湿了她干渴的嘴唇，在她身上

mǒ shàng qīng liáng de tán xiāng yóu   niàn zhe fú zhòu   shǐ tā huī fù yuán qì   nǚ rén zhēng kāi
抹上清凉的檀香油，念着符咒，使她恢复元气。女人睁开

双眼，问道："唉，大慈大悲的人，你是谁？"和尚说："瓦萨德达，我实践自己的诺言来了。"

在题为《轻微损害》的另一首诗里，诗人叙述了另一则故事：

冬天的一个清晨，迦尸国的皇后，在成百宫女簇拥下，去恒河沐浴。空中寒风呼啸。沐浴完毕，兴致勃勃的皇后油然动念：假如有火取暖，将是何等惬意。她见到附近有一间小茅屋，皇后便令宫女放火点燃，风助火势，当裹着

团团浓烟的火焰

高高窜起时，皇

后欣喜若狂，她

带着欢愉的心情，

回到宫里。这时，

村民跑到宫殿，

向皇帝诉说自

己的不幸。皇帝

召见皇后问道：

"你为什么干出这

等事来？"皇后

笑着说："这是一

个轻微的损害。"

huáng dì bó rán dà nù shuō　　nǐ jiāng zì yì jī guǒ　　tā lì jí xiè xià huáng hòu de suǒ
皇帝勃然大怒说："你将自食其果"。他立即卸下皇后的所

yǒu yī shì hé zhū bǎo　　bǎ tā gǎn chū wáng gōng　　tā duì huáng hòu shuō　　qù　　nǐ qù xíng
有衣饰和珠宝，把她赶出王宫。他对皇后说："去，你去行

qǐ dù rì ba　　dào nà shí nǐ jiāng huì míng bai　　nǐ wèi zì jǐ piàn kè huān lè　　shāo huǐ le
乞度日吧！到那时你将会明白，你为自已片刻欢乐，烧毁了

qióng rén de máo wū　　zào chéng duō dà de sǔn shī　　dāng yòng nǐ tǎo lái de qián　　bǎ tā de
穷人的茅屋，造成多大的损失。当用你讨来的钱，把他的

máo wū xiū fù shí　　wǒ zài jiē nǐ huí gōng dāng huáng hòu
茅屋修复时，我再接你回宫当皇后。"

yǔ cǐ tóng shí　　tài gē ěr hái chuàng zuò le dà liàng de xì jù　《yóu
与此同时，泰戈尔还创作了大量的戏剧。《邮

jú　　shì tài gē ěr suǒ yǒu de xì jù zhōng zuì shòu huān yíng de zuò pǐn　　céng jīng bèi
局》是泰戈尔所有的戏剧中最受欢迎的作品，曾经被

yì jiè dào xǔ duō ōu zhōu guó jiā　　kě yǐ chēng de shàng shì tā zuì yōu xiù de jù
译介到许多欧洲国家，可以称得上是他最优秀的剧

běn zhī yī
本之一。

116

小孩子阿马尔是这部剧作的主角。他生了病，可无知的养父却听信了村里庸医的话，认为外面的风、潮气和秋天的太阳对这个病孩有害，于是便将他关在一间小屋里。苦闷而又孤独的阿马尔，只得倚着小屋的小窗子望着那外面的天地，那里挤奶人、更夫来来往往地忙碌着，孩子们快乐地嬉戏着。阿马尔和更夫、挤奶人、老爷爷和卖花小女孩苏塔交谈着，在他们单调平凡的日常生活中发现了浪漫的诗意。他羡慕无拘无束的生活，并以他纯真的欢乐感染着周围的人们。

然而有一天，更夫告诉他，从阿马尔的窗子即可望得见的那栋白色的新楼房是邮局，说不定邮局的人哪天会来看他，并交给他一封国王写给他的信。

cóng cǐ yǐ hòu　　ā mǎ ěr biàn bú zài huànxiǎng tōu pǎo chū jiā mén qù sì
从此以后，阿马尔便不再幻想偷跑出家门去四

chù yóu wán　　ér shì rì yè pàn wàng zhe yóu dì yuán dài zhe guó wáng xiě
处游玩，而是日夜盼望着邮递员带着国王写

de xìn lái zhǎo tā　　bìng tǐ chén
的信来找他，病体沉

zhòng de ā mǎ ěr suī rán wú
重的阿马尔虽然无

fǎ zǒu dào chuāng qián　　dàn réng
法走到窗前，但仍

zài bìng chuáng shang qī dài yóu dì
在病床上期待邮递

yuán de dào lái
员的到来。

yí wèi shàn liáng de lǎo
一位善良的老

ren ān wèi ā mǎ ěr　　xìn dà
人安慰阿马尔，信大

yuē yǐ zài lù shang le　　xiǎo
约已在路上了，小

ā mǎ ěr xī wàng zì jǐ yǎng
阿马尔希望自己养

hǎo bìng　　xià chuáng qù yíng
好病，下床去迎

jiē yóu dì yuán　　dàn shì kě lián
接邮递员，但是可怜

的小男孩没有等到这一天就进入了长眠之乡。

这时他的好朋友、卖花的小女孩苏塔来看他，以为他是睡着了，于是便告诉医生，等阿马尔醒来之后把自己的一句悄悄话转告给他，好心的女孩这样说："告诉他，苏塔没有忘记他。"

在这个感人的作品里触及的仍然是泰戈尔作品中经常表现的主题：童心、希望、自由、真善美

děng tā pǔ shí wú huá yòu zì rán yǒu zhì chénggōng de sù zào le yí gè
等。它朴实无华又自然有致，成功地塑造了一个

chōng mǎn chōng jǐng de nán hái xíng xiàng
充满憧憬的男孩形象。

120

9. 艰难岁月

民族受压迫，妻子、女儿相继去世，泰戈尔在厄运的打击下继续前进，写出了著名的长篇小说《戈拉》。

20世纪初是印度民族解放运动风起云涌的时代。觉醒的印度人民为了使印度摆脱作为英国的殖民地地位，进行了不屈不挠的斗争。

作为一个爱国者，泰戈尔也投入到了这场斗争中。

121

他在许多公开的集会上发表了激动人心、热情洋溢的演说，并参与组织规模巨大的反英游行。此外，他利用自己的诗人才能，写下了大量的歌词，激励人们为自由而战。

但泰戈尔不同于一般的革命者，他的思想中改良的成份较多，因此当人民革命逐渐发展为暴力斗争时，他退出了革命阵营。

人们不理解他，很多人咒骂他。他陷入了深深的苦闷与孤独。

过去的同志、朋友，现在成了持不同政见的"对手"，而更为不幸的是，1902年，和泰戈尔一起生活了十几年的妻子因病去世了，泰戈尔悲痛欲绝。但家庭的厄运并没有因此结束，9个月后，泰戈尔13岁的

èr nǚ ér yě yīn bìng yǒng yuǎn lí kāi le tài gē ěr　　jǐn jiē zhe　　　　gè yuè hòu
二女儿也因病永远离开了泰戈尔。紧接着，4个月后，

tài gē ěr xiāng dāng xīn shǎng de yí gè qīng nián shī rén péng you　tū rán rǎn shàng tiān
泰戈尔相当欣赏的一个青年诗人朋友，突然染上天

huā　yě bú xìng sǐ qù　zhè yí lián chuàn de dǎ jī shǐ tài gē ěr fǎng fú biàn le
花，也不幸死去。这一连串的打击使泰戈尔仿佛变了

yí gè rén
一个人。

tā biàn de chén mò guǎ yán　mái tóu yú jīng yíng sāng dì
他变得沉默寡言，埋头于经营桑地

ní kè tǎn xué xiào
尼克坦学校。

zhè suǒ xué xiào shì tài gē ěr wèi shí xiàn zì jǐ de jiào
这所学校是泰戈尔为实现自己的教

yù lǐ xiǎng　yú
育理想，于1901

nián zài fù qin de lǐng dì sāng
年在父亲的领地桑

dì ní kè tǎn shè lì de
地尼克坦设立的。

kāi bàn zhī chū　zhǐ yǒu bāo
开办之初，只有包

kuò tài gē ěr de zhǎng zǐ
括泰戈尔的长子

zài nèi de wǔ míng xué sheng
在内的五名学生

hé bāo kuò yì míng yīng guó rén
和包括一名英国人

zài nèi de wǔ míng lǎo shī
在内的五名老师。

xué xiào bú shè jiào shì hé zhuō
学校不设教室和桌

yǐ　shàng kè shí shī shēng
椅，上课时师生

jiù wéi zuò zài dà shù xià
就围坐在大树下。

tài gē ěr rèn wéi zhè yàng
泰戈尔认为这样

kě yǐ péi yǎng xué sheng duì
可以培养学生对

zì rán de gǎn qíng
自然的感情。

1921年，这所学校发展成今日印度最为著名的"国际大学"。这是泰戈尔对教育事业的一个巨大贡献。

泰戈尔将更多的精力和时间投入到学校中。置身于天真无邪的孩子们之间，耐心地解答他们七嘴八舌的提问；或是凭窗而立，望着他们在林荫道上自由自在地读书、徜徉。只有此时，泰戈尔孤独与痛苦的心境才会得到片刻的解脱。

人世的变故并没有使泰戈尔消沉下去，相反，深沉的感情使他更专注地投入创作。这一时期，他写出了自己最优秀的长篇小说《戈拉》。

《戈拉》的诞生与一位保守的印度教妇女有关。她是一个爱尔兰人，出于对印度教的笃信，她来到印度跟从印度教大师学习教义。凡读过她的著作的人都知道，她是印度教的每一保守因素的坚决的拥护者。

她是泰戈尔的朋友，泰戈尔赞赏她的信念和勇气，但不同意她过于狭隘的宗教观念。当她对泰戈尔进行保守主义教诲时，泰戈尔往往捧腹大笑。

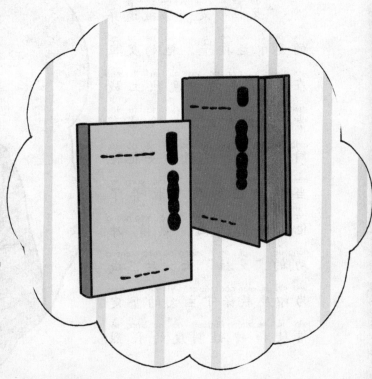

yǒu yí cì　　tā zuò wéi tài gē ěr de kè ren　　liú sù zài tā de xiāng cūn
有一次，她作为泰戈尔的客人，留宿在他的乡村

zhuāng yuán　　bàng wǎn　　tā zuò zài
庄　园。傍晚，她坐在

zhōu shang　　yāo qiú tài gē ěr jiǎng yí
舟上，要求泰戈尔讲一

gè gù shi　　tài gē ěr jiù gěi tā
个故事。泰戈尔就给她

jiǎng le　"gē lā"　de gù shi
讲了"戈拉"的故事：

"gē lā"　shì yí gè bèi yí qì
"戈拉"是一个被遗弃

de ài ěr lán hái zi　　tā de fù mǔ
的爱尔兰孩子，他的父母

zài 1857 nián de yìn dù dú lì zhàn
在1857年的印度独立战

zhēng zhōng bèi dǎ sǐ　　yí gè fù yǒu
争中被打死。一个富有

tóng qíng xīn de yìn dù jiào fù nǚ bǎ tā
同情心的印度教妇女把他

dàng zuò zì jǐ de hái zi shōu yǎng le
当做自己的孩子收养了

tā　　jùn qiào xiāo sǎ　　rè qíng chōng
他。俊俏潇洒、热情冲

dòng de　"gē lā"　zhǎng dà hòu　chéng
动的"戈拉"长大后，成

wéi yìn dù jiào bǎo shǒu zhǔ yì de jiān dìng
为印度教保守主义的坚定

xìn tú hé zhǒng xìng zhì dù de qiáng liè
信徒和种姓制度的强烈

支持者。他认为印度教是唯一真正优秀的宗教，他为献身于

它而断绝与自己唯一的一个朋友的交往，并准备放弃

自己的情人。

当他得悉，他的身体里流的是外国人的血，根据

他的理论，他就比野蛮人还要坏，这样，生活中的最

大的欺骗性通过偶然的形式被揭示了。这时他在自己曾经为

之辩护过的那个印度教社会里没有了任何位置。这个变化使他

苏醒过来，他认识到宗教的真正意义。"今天我是真正的印

度人。现在，对我来说，印度教徒、穆斯林和基督教徒之间没

有任何对立。从今日起，印度的每一种姓都是我的种姓，所

127

yǒu rén de shàn shí dōu shì wǒ de shàn shí
有人的膳食都是我的膳食。"

　　 gē lā 　　 de gù shi shì yǐ nà wèi ài ěr lán fù nǚ wèi
　　"戈拉"的故事是以那位爱尔兰妇女为

yuán xíng de 　　 hòu lái 　　 tài gē ěr bǎ zhè ge gù shi xiě xià lai
原型的。后来,泰戈尔把这个故事写下来,

jiù shì cháng piān xiǎo shuō 　 gē lā 　　 tā tū pò le xiá ài de zōng
就是长篇小说《戈拉》。它突破了狭隘的宗

jiào guān niàn 　　 qǔ ér dài zhī yǐ quán xīn de rén dào
教观念,取而代之以全新的人道

zhǔ yì guān niàn 　　 bèi píng lùn jiā rèn wéi shì kě
主义观念,被评论家认为是可

yǐ hé tuō ěr sī tài de 　　 zhàn zhēng yǔ hé
以和托尔斯泰的《战争与和

píng 　　 xiāng tí bìng lùn de zuò pǐn 　 tā yě
平》相提并论的作品。它也

yǐ qū zhé de fāng shì biǎo dá le tài gē ěr
以曲折的方式表达了泰戈尔

zài lí kāi gé mìng zhèn yíng zhī hòu de
在离开革命阵营之后的

sī xiǎng chéng guǒ
思想成果。

128

10. róng huò nuò bèi ěr wén xué jiǎng
10. 荣获诺贝尔文学奖

zuò wéi dì yī gè huò dé nuò bèi ěr wén xué jiǎng de dōng fāng rén   tài gē ěr
作为第一个获得诺贝尔文学奖的东方人，泰戈尔

de tóng bāo wèi tā zì háo   kě shì   tài gē ěr shì qiān xū de   tā xīn píng qì hé
的同胞为他自豪。可是，泰戈尔是谦虚的，他心平气和

de gěi yí gè xiǎo xué sheng huí xìn
地给一个小学生回信。

nián tài gē ěr chū bǎn le
1910 年泰戈尔出版了

mèng jiā lā wén shī jí   jí tán jiā lì
孟加拉文诗集《吉檀迦利》。

hòu lái   tā cóng shī jí zhòng de
后来，他从诗集中的 157

shǒu shī zhōng zhāi chū   shǒu   zài jiā shàng
首诗中摘出 51 首，再加上

yǐ qián chuàng zuò de yì xiē   biān chéng le
以前创作的一些，编成了

yì běn yīng wén shī jí
一本英文诗集。

quán bù shī zuò dōu shì
全部诗作都是

tā zì jǐ qīn zì yì
他自己亲自译

chéng yīng wén de
成英文的。

nián
1911 年，

jí tán jiā lì   zài
《吉檀迦利》在

lún dūn chū bǎn   zhèng
伦敦出版。正

shì zhè běn shī jí wèi
是这本诗集为

129

shī rén yíng dé le nuò bèi ěr
诗人赢得了诺贝尔
wén xué jiǎng
文学奖。

jí tán jiā lì yáng
《吉檀迦利》洋
yì zhe ài yǔ měi gěi rén dài
溢着爱与美，给人带
lái yì zhǒng hé xié ān níng de
来一种和谐安宁的
jìng mì qì fēn
静谧气氛：

nǐ shì tiān kōng nǐ yě shì
你是天空，你也是
wō cháo
窝巢。

à měi lì de nǐ zài
啊，美丽的你，在
wō cháo lǐ jiù shì nǐ de ài yòng yán sè shēng yīn hé xiāng qì lái wéi yōng zhe líng hún
窝巢里就是你的爱，用颜色、声音和香气来围拥着灵魂。
zài nà li qīng chén lái le yòu shǒu tí zhe jīn kuāng dài zhe měi lì de huā huán
在那里，清晨来了，右手提着金筐，带着美丽的花环，
jìng jìng de tì dà dì jiā miǎn
静静地替大地加冕。
zài nà li huáng hūn lái le
在那里，黄昏来了，
yuè guò wú rén xù mù de huāng lín
越过无人畜牧的荒林，
chuān guò chē mǎ jué jì de xiǎo jìng
穿过车马绝迹的小径，
zài tā de jīn píng li dài zhe ān níng de
在她的金瓶里带着安宁的
xī fāng hǎi shang hé píng de liáng biāo
西方海上和平的凉飙。
dàn shì zài nà li chún bái de
但是在那里，纯白的
guāng huī tǒng zhì zhe shēn zhǎn zhe de wèi
光辉统治着伸展着的为
líng hún áo xiáng de wú jì de tiān kōng
灵魂翱翔的无际的天空。
zài nà li wú zhòu wú yè
在那里，无昼无夜，

130

无形无色，而且永远，

永远无有言说。

对于长久地生
活于喧嚣的工业社
会里的西方人来
说，泰戈尔给他
们带来了一种久
违的田园美和
东方美。1913
年，瑞典科学院
评选委员会以13
票对2票的评选结
果，宣布授予泰戈尔
1913年度的诺贝尔文学
奖金。

这是有史以来第一个亚洲人获得这项文学巨
奖。一石激起千层浪。这个消息传出后，西方许多
地方对一个亚洲人获奖发出了一片嘈杂的抗议声。

一家美国报纸写道："诺贝尔奖金授予一个印
度人，在欧洲民族的作家里引起了一片痛惜的惊讶
声。他们不理解，为什么这种荣誉要授予一个非白

种人呢？"加拿大多伦多《环球报》写道："诺贝尔奖金第一次授予一个不是我们称之为'白人'的人。诚然，对我们而言，要欣然接受让一个名叫罗宾德拉纳特·泰戈尔的人获得一项世界性文学奖金的看法，尚需时日。这人名字读起来是那么佶屈聱牙，以致我们第一次看到这个名字时，仿佛觉得它不是真的。"《洛杉矶时报》抱怨道："欧州和美国现代年轻作家因把诺贝尔奖金授予一个印度人而感到沮丧。此人作品在美国很少为人所知，承认那样一个有资格享受这一崇高荣誉的人则更是寥若晨星。"

欧洲的普通百姓对一个亚洲人获奖也都感到难

yǐ xiāng xìn

以相信。

tài gē ěr de yí gè yīng guó péng you jiǎng shù le zì jǐ tóng xǔ duō ōu zhōu lǚ

泰戈尔的一个英国朋友讲述了自己同许多欧洲旅

xíng zhě yí kuài chéng chuán háng xíng shí de jiàn wén　　zhè xiē lǚ xíng zhě shì dì dào de

行者一块乘船航行时的见闻："这些旅行者是地道的

ōu zhōu rén　　tā men de yǔ diào yǒu nóng hòu de dì fang sè cǎi　　sì hu bái sè rén

欧洲人，他们的语调有浓厚的地方色彩，似乎白色人

zhǒng zǒng zhē jū zài tā men de xīn líng li　　dāng wǒ duì yí wèi zuò zài shēn páng de

种总蜇居在他们的心灵里。当我对一位坐在身旁的

fù nǚ shuō　　wǒ yǔ yìn dù rén zhù zài yì qǐ　　nà ge kě lián nǚ rén chà nà

妇女说：'我与印度人住在一起，'那个可怜女人刹那

jiān jīng dāi le　　zài tā kàn lái　　wǒ xiǎn rán shì shén jīng bú zhèng cháng de bù kě

间惊呆了。在她看来，我显然是神经不正常的不可

sī yì de jiā huo　　　jì méi yǒu yú ròu　　dàn　　yòu méi yǒu hóng sè de fēi

思议的家伙——既没有鱼、肉、蛋，又没有红色的鲱

yú　　kěn dìng wǒ men shì bú huì shòu dào zūn jìng hé chōng fēn bǎo hù de　　　　　tā

鱼！肯定我们是不会受到尊敬和充分保护的。……她

men yǐ jù dà yí huò de mù guāng dīng zhe wǒ chuān de mèng jiā lā tuō xié　　yīn wèi

们以巨大疑惑的目光盯着我穿的孟加拉拖鞋，因为

tā men shì fǎn duì yīng guó de biāo zhì　　zài jiāo tán zhōng wǒ lì tú xiàng tā men jiě

它们是反对英国的标志。在交谈中我力图向她们解

释，印度毕竟与中非不同，并且告诉她们，一个印度人已荣膺诺贝尔奖金，是用现金支付的，他们之中一位说：'啊唷！让我好好想想！'另一位说：'他没有断气？'第三个人说：'你的意思是，他完全是印度血统的？'我庄严地向她保证这件事是真实的。她说：'哎唷！你不用多说了，现在让我思考一下！'……"

在泰戈尔的家乡，人们听说这个消息后，都蜂拥

而至，来对泰戈尔表示祝贺。面对殊荣，泰戈尔保持了清醒的头脑，他不卑不亢地接受了朋友们真诚的祝贺。

泰戈尔的谦虚态度可以从下面的一件小事中看出来。

1914年3月2日，一个学生（大概是个十分年幼的孩子，因为她的字体写得十分稚气）从纽约百老汇私立学校寄来一封信：

我亲爱的泰戈尔先生：

我们是露天学校的三四年级学生。我们读了你的《新月集》，从中获了得巨大欢娱。今晨，我们读了《遥远的堤岸》，难道你小时想长大以后成为商船的水手吗？

shí fēn zhōng shí yú nǐ de
十分忠实于你的

sū shān · bā sī
苏珊·巴斯

shī rén dāng jí xiě le
诗人当即写了

huí xìn
回信：

wǒ qīn ài de xiǎo péng
我亲爱的小朋

yǒu
友：

wǒ gǎn xiè nǐ de lái xìn
我感谢你的来信，

wǒ wèi cǐ gǎn dào shí fēn kuài huo
我为此感到十分快活。

dāng wǒ yòng mèng jiā lā yǔ xiě
当我用孟加拉语写

xīn yuè jí shí wǒ zuò mèng
《新月集》时，我做梦

yě méi yǒu xiǎng dào wǒ huì wèi
也没有想到，我会为

dà yáng bǐ àn de xiǎo dú zhě fān
大洋彼岸的小读者翻

yì zhè xiē shī piān wǒ gǎn dào xīn wèi de shì tā men zhēng fú le nǐ men de xīn nǐ wán
译这些诗篇。我感到欣慰的是，它们征服了你们的心。你完

quán zhèng què de cāi dào nà ge hái tóng shì shuí tā xī wàng zhǎng dà zhī hòu yǒu zhāo yí
全正确地猜到，那个孩童是谁，他希望长大之后，有朝一

rì néng chéng wéi bǎ dōng hǎi àn de ài dài dào xī hǎi àn qù de shāng chuán shang de shuǐ shǒu
日能成为把东海岸的爱带到西海岸去的"商船"上的水手。

zhì yǐ zhōng xīn de ài
致以衷心的爱

nǐ de zhōng shí péng you
你的忠实朋友

luó bīn dé lā nà tè tài gē ěr
罗宾德拉纳特·泰戈尔

suí zhe míng shēng zài shì jiè fàn wéi nèi chuán bō tài gē ěr jiē dào xǔ duō
随着名声在世界范围内传播，泰戈尔接到许多

guó jiā de fǎng wèn yāo qǐng xìn nián shòu zhōng guó dà xué yǎn jiǎng xié huì
国家的访问邀请信。1924年，受中国大学演讲协会

huì zhǎng liáng qǐ chāo zhī yāo tài gē ěr fǎng wèn le zhōng guó zhù míng shī rén xú
会长梁启超之邀，泰戈尔访问了中国。著名诗人徐

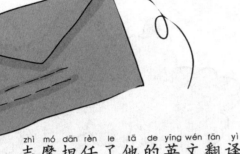

志摩担任了他的英文翻译。

其实，早在青年时代，他就在一篇名为《在中国的死亡贸易》中表达了对中国人民的同情。他在该文中写道：

由于贪婪财富，整个民族被迫吸食毒品。从未有人耳闻过如此大的骗局，中国哭着说："我不要鸦片。"对此，英国商人答道："嗤！这怎么可能？"中国的双手被捆住，嘴中被强迫塞进鸦片之后，则要求他们为此付款，长期以来，英国人就做着这种奇妙的买卖……

在访问中国之前，泰戈尔还访问了日本。当泰戈尔逗留日本期间，有一次，有人请他写一首有关两个相互争斗

137

的家族首领进行暴力活动
的小诗。两个日本人在银
根附近的群山间的一片草
原上，从清晨一直厮打到
黄昏。一块巨石的阴影落
在他们格斗的地方。太阳
西沉时，两位战士倒下去
死了。他们遍体鳞伤，鲜
血洒满大地。日本人的首
领和诗人一起来到斗殴的
地方，向诗人请求：为了
保存对这一英雄业绩的
记忆，写一首小诗吧。当
诗人明白了这件事的原委

后，为他们的恐怖行动而激动不安。痛苦的表情闪现在他的脸庞上。

不消片刻，他写了这些诗句：

他们相互间仇恨残杀，

上帝害羞地用青草把血迹覆盖！

这两句诗不是赞扬，而是贬抑了两个"战士"。泰戈尔从人道的立场出发，认为同是上帝的子民，人类不应互相惨杀。也是从这个立场出发，当日本入侵中国时，泰戈尔表示了极大的愤慨。

11.《园丁集》、《新月集》和《飞鸟集》

这三本诗集为广大的中国人所熟悉，它们语言优美、富有哲理，具有永恒的魅力。

泰戈尔的作品早在五四时期便在中国风靡一时。现代文学大家郭沫若、郑振铎、冰心、徐志摩等都曾经受过他的影响。一直到现在，泰戈尔的作品仍然为广大的中国读者所喜爱。《园丁集》、《新月集》和《飞鸟集》是中国读者最为熟悉的泰戈尔的几本诗集。这三本诗集都曾被泰戈尔译成过英文。

《园丁集》和《新月集》都出版于1913年。《园丁集》

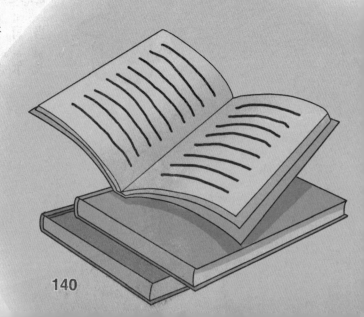

中最撼动人心的是爱情诗，它们缠
绵婉转，温柔悱恻，读来让人柔肠
百结。

　　有的诗中则描绘了诗人在梦境
中对爱的寻求，带着些许感伤的色
彩：

　　在梦境的朦胧小路上，我去寻找
我前生的爱。

　　她的房子是在冷静的街尾。

　　在晚风中，她爱养的孔雀在架上
昏睡，

　　鸽子在自己的角落里沉默着。

　　她把灯放在门边，站在我的面前。

　　她抬起一双大眼望着我的脸，

　　无言地问："你好么，我的朋友？"

　　我想回答，但是我们的语言
迷失而又忘却了。

　　我想来想去，怎么也想不
起我们叫什么名字。

　　眼泪在她眼中闪光，她
向我伸出右手，我握住

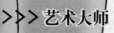

tā de shǒu jìng mò de zhàn zhe
她的手静默地站着。

wǒ men de dēng zài wǎnfēngzhōngchàn yáo zhe xī miè le
我们的灯在晚风中颤摇着熄灭了。

yuán dīng jí biǎo xiàn le shī rén duì měi hǎo ài qíng de zhí zhuó ér
《园丁集》表现了诗人对美好爱情的执著而

rè liè de zhuī qiú chú cǐ zhī wài shī jí zhōng huán lǐ zàn le dà dì
热烈的追求。除此之外,诗集中还礼赞了大地

mǔ qīn yǔ pǔ tōng láo dòng zhě biǎo dá le shī rén bó ài de xiōng huái
母亲与普通劳动者,表达了诗人博爱的胸怀。

yǔ yuán dīng jí shū xiě ài qíng bù tóng xīn yuè jí zé shì xiě
与《园丁集》抒写爱情不同,《新月集》则是写

gěi hái zi men de sòng gē tài gē ěr yǐ yì kē tóng xīn miáo xiě le tiān zhēn làn màn
给孩子们的颂歌。泰戈尔以一颗童心描写了天真烂漫

de hái tóng shì jiè zài zuò pǐn zhōng zuò zhě cháng cháng shè zhì yí gè hái tóng zhǔ
的孩童世界。在作品中,作者常常设置一个孩童主

ren gōng zài xià mian zhè shǒu shī zhōng hái zi xiǎngxiàng zì
人公。在下面这首诗中,孩子想象自

jǐ yǔ dà zì rán róng wèi yì tǐ biàn chéng le yì duǒ
己与大自然融为一体,变成了一朵

jīn sè huā yǔ mǔ qīn zhuō mí cáng shī zhōng tóng qù
金色花与母亲捉迷藏。诗中童趣

àng rán
盎然:

jiǎ rú wǒ biàn chéng le
假如我变成了

yì duǒ jīn sè de huā wèi le
一朵金色的花,为了

hǎo wán zhǎng zài shù de gāo zhī
好玩,长在树的高枝

shang xiào hā hā de zài fēng zhōng
上,笑哈哈地在风中

yáo bǎi yòu zài shù shang tiào
摇摆,又在树上跳

wǔ mā ma nǐ huì rèn shí
舞,妈妈,你会认识

wǒ me
我么?

她要是叫道："孩子，你在哪里呀？"我暗暗地在那里匿笑，却一声儿不响。

我要悄悄地开放花瓣，看着你工作。

当你沐浴后，湿发披在两肩，穿过金色花的树荫，走到祷告的小庭院时，你嗅到了这花香，却不知道这香气是从我身上来的。

当你吃过中饭，坐在窗前读《罗摩衍那》，那棵树的阴影落在你的头发与膝上时，我便要投我的小小的影子在你的书页，正投在你所读的地方。

但是你会猜得出这就是你的小孩子的小影子么？

当你黄昏时拿了灯到牛棚里去，我便要突然地再落到地上来，又成了你的孩子，求你讲个故事给我听。

"你到哪里去，你这坏孩子？"

"我不告诉你，妈妈。"这就是你同我那时所要说的话了。

在《新月集》其他的一些诗篇中，写出了许多可爱又可笑的童趣。《著作家》一诗中，小孩子认为当作家的爸爸写了又写，实在没有趣味。他天真地想，自己的胡抹乱画与爸爸的写作有什么不同呀？只是用纸折了一只纸船，妈妈就责怪自己浪费，为什么爸爸就可以写了一张又一张？妈妈可从来没说过爸爸呀。泰戈尔对儿童心理的刻画活灵活现，离不开他对儿童真挚的关注和爱。确实，在献给儿童的诗歌作品中，《新月集》可以称得上是一朵光彩夺目的奇葩。

144

《飞鸟集》是一些诗行极少的小诗的合集，类似于名言警句，但比名言警句更有韵味。可以说，几乎每一首小诗都闪现着哲理、情感、体验的光彩，给人以独特的引人入胜的感觉。

诗人继承了自己一贯的风格，将人性注入了自然，许多本无生命的大自然景象仿佛也有了生命：

群树如表示大地的愿望似的，踮起脚来向天空窥望。

（第41首）

有的诗以对话的形式出现，富于思辩色彩：

小花问道："我要怎样对你唱，怎样地

崇拜你呢，太阳呀？"

太阳答道："只要用你的纯洁的素朴的沉默。"（第247首）

泰戈尔以他诗人的慧眼，在大自然中那些表面看似乎毫无意义的事物中发现了隐秘的意义，似乎自然中的一切都是来源于某种神秘的感应。这种或明或隐的感受给人以强烈而独特的印象：

白云谦逊地站在天之一隅，晨光给它戴上了霞彩。

（第100首）

许多诗句充满哲理，是诗人对历史和人生深思熟虑的结果：

采着花瓣时，得不到花的美丽。（第154首）

萤火虫对天上的星说道："学者说你的光明，总有一天会消灭的"。

天上的星不回答它。

（第 163 首）

　　总的来说，《飞鸟集》像一位诗歌工匠在雕凿长篇诗作时，落下的金银碎片：虽然微小，但依然灿烂夺目。

　　泰戈尔的诗歌是全世界人民的宝贵遗产。在教育部 2000 年公布的中国中学生课外必读书目中，《泰戈尔诗选》名列其中，此外，还有一个外

guó shī rén de shī xuǎn bèi
国诗人的诗选被
xuǎn rù   tā shì é guó
选入，他是俄国
de   "shī gē tài yáng"
的"诗歌太阳"
pǔ xī jīn
普希金。

12.晚年的日子

晚年的泰戈尔，像一支快要烧完了的蜡烛，仍然在发光。他坚持创作，并关心印度的国家前途。

泰戈尔晚年仍然坚持自己的爱国和人道主义立场。他一方面周游世界各国，致力于增进各国人民之间的友谊，一方面密切关注着本民族的解放运动。

1919年3月，英国驻印度的殖民政府通过了所谓的"维持治安法案"，即臭名远扬的"罗拉特法案"，它规定政府拥有不经起诉即可逮捕人的权力，还规定警察有权制止公众集会。

法案的颁布引起了印度全国上下一片抗议之声。阿姆利则地方的群众集会示威。4月13日，正当群众在一广场举行抗议集会之际，军队向两万名手无寸铁的参加者开枪射击达10分钟之久，人们无处逃生，大屠杀中死亡1000人，受伤2000余人。

阿姆利则惨案发生后，殖民当局严格禁止新闻报道，妄图掩盖事实真相。几周之后，惨案的消息才得以传出。泰戈尔惊悉之后，万分不安，立即放下手中的一切工作，赶到加尔各答市，希望邀请各界人士举行抗议集会。然而，人们慑于新颁布的"罗拉特法案"的威胁，无人敢起来响应。万般无奈的他毅然单独采取了行动。

1919年5月29日深夜，他事前未向任何人透露，甚至连自己的儿子也没有告诉，就写信给当时英国驻印度总督，声明放弃英国政府于1911年授予他的爵位。信中沉痛而恳切地写道：

……我为我的国家所做的一点微不足道的事情，就是自己把这一切结果全部承担起来，把数百万吓得目瞪口呆的同胞的抗议表达出来。已经是时候了，荣誉奖章与所受的屈辱摆在一起就会使我羞愧得无地自容。因此，我要去掉一切特殊荣誉，站在我的同胞一边。据说他们是无关紧要的，因而应该接受那种同人类这个称呼不相称的待遇。由于上述理由，我不得不遗憾地请求阁下取消我的爵士称号……

这封信几天之后得以发表。泰戈尔在当时高压

zhèng cè xià de zhè yì yīng yǒng jǔ dòng gěi le tóng bāo men jí dà de jīng shén gǔ lì
政策下的这一英勇举动给了同胞们极大的精神鼓励，

jī fā le tā men de mín zú zì zūn xīn zài yīng guó tǒng zhì zhě kàn lái zhè zhǒng
激发了他们的民族自尊心。在英国统治者看来，这种

xíng wéi shì bù néng yuán liàng de yīn wèi zài cǐ zhī qián hái cóng lái méi yǒu yí gè
行为是不能原谅的，因为在此之前，还从来没有一个

rén gǎn yú jù jué yīng wáng bì xià suǒ shòu yǔ de róng yù chēng hào yīng guó guān fāng
人敢于拒绝英王陛下所授予的荣誉称号。英国官方

gǎn dào jí qí fèn kǎi jǐ nián hòu tài gē ěr zài dù fǎng wèn yīng guó shòu dào
感到极其愤慨。几年后，泰戈尔再度访问英国，受到

le tā men de lěng yù
了他们的冷遇。

bú guò tài gē ěr yǔ yǐ gān dì wèi shǒu de yìn dù mín zú jiě fàng zhèn yíng hái
　　不过泰戈尔与以甘地为首的印度民族解放阵营还

shì cún zài fēn qí de tā bú zàn tóng cǎi qǔ guò yú jí duān de fāng shì rèn wéi
是存在分歧的。他不赞同采取过于极端的方式，认为

这样受害的还是人民。

一次，甘地亲自来拜访泰戈尔，在泰戈尔家中同诗人进行了长时间的讨论。这两位伟人的观点存在着分歧，但见解不同并未动摇他们之间真诚的友谊。在两人单独会谈之时，支持甘地的群众聚集在泰戈尔的住宅外面，狂热的人们从附近的商店弄来一捆捆外国布匹，然后置于露天的院子里焚烧，以表示对泰戈尔的不满。因此，当甘地强调整个不合作运动是建立在非暴力的原则之上时，泰戈尔反问道："甘地先生，你的非暴力追随者正在干什么？他们从商店里抱来布匹，放在我家的庭院里焚烧，就像狂热的教徒一样，在火堆的四周狂呼乱舞，难道这就是非暴力？"甘地顿时语塞。

在生命的最后的岁月里，尽管杂

154

务繁多，泰戈尔始终没有放弃创作。较之以前，他的作品更加成熟了。他不仅出版了多部诗集，还出版了多部小说集。

1941年的5月7日，泰戈尔度过了他的最后一个生日。这一天，全世界都在热烈地庆贺他的80寿辰。面对行将结束的生命，诗人陷入了深沉的思索之中。他思考着人生与事业，思考着生存和死亡。他口述了一首诗，诗中写道：

为换得真理的可怕的价值，

在死亡中偿还一切的债务。

这首诗仿佛是一首关于死亡的预言。这之后，泰戈尔的身体一直不好，三个月后的8月7日中午，这位伟大的诗人停止了呼吸。

在去世前两年，他创作了一首歌。他希望，在他逝世时唱这首歌。成千上万的人们在他的追悼会上唱起了这首歌，以后每年在他逝世纪念日时，人们也都要深情地吟唱。

qiánmian shì níng jìng de hǎi yáng
前面是宁静的海洋，

wō duò shǒu
喔，舵手！

fàng xià chuán
放下船！

nǐ jiāngchéng wéi yǒnghéng de tóng bàn
你将成为永恒的同伴，

bǎ wǒ bào zài huái li
把我抱在怀里，

zài wú xiàn de dào lù shang
在无限的道路上，

diǎn rán yǒnghéng de xīng huǒ
点燃永恒的星火。

jiě fàng zhě
解放者！

nǐ de kuān shù nǐ de cí bēi
你的宽恕，你的慈悲，

chéng wéi wǒ wú xiàn lǚ tú de yǒnghéngbàn lǚ
成为我无限旅途的永恒伴侣，

ràng sǐ wáng de zhì gù xiāo miè
让死亡的桎梏消灭，

ràngguǎng dà de shì jiè shēn bì bǎ wǒ bào zài huái li
让广大的世界伸臂把我抱在怀里，

ràng wǒ nèi xīn huò dé duì jù dà wèi
让我内心获得对巨大未

zhī de rèn shí
知的认识！

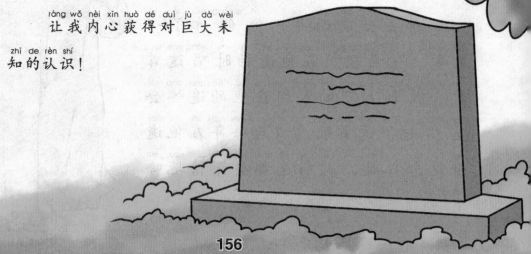